33
ESTRATÉGIAS
DE
Guerra

EDIÇÃO CONCISA

ROBERT GREENE

Produção de
JOOST ELFFERS

33 ESTRATÉGIAS DE GUERRA

EDIÇÃO CONCISA

Tradução de Talita M. Rodrigues

Rocco

Título original
THE 33 STRATEGIES OF WAR

Copyright © Robert Greene e Joost Elffers, 2006
Todos os direitos reservados.

Direitos para a língua portuguesa reservados
com exclusividade para o Brasil à
EDITORA ROCCO LTDA.
Rua Evaristo da Veiga, 65 – 11º andar
Passeio Corporate – Totte 1
20031-040 – Rio de Janeiro – RJ
Tel.: (21) 3525-2000 – Fax: (21) 3525-2001
rocco@rocco.com.br
www.rocco.com.br

Printed in Brazil / Impresso no Brasil

PREPARAÇÃO DE ORIGINAIS
Leonardo Villa-Forte

DIAGRAMAÇÃO
FA Studio

Nenhuma parte desta obra pode ser reproduzida ou transmitida por qualquer forma ou meio eletrônico ou mecânico, inclusive fotocópia, gravação ou sistema de armazenagem e recuperação de informação, sem a permissão escrita do editor.

CIP-BRASIL. CATALOGAÇÃO NA PUBLICAÇÃO
SINDICATO NACIONAL DOS EDITORES DE LIVROS, RJ

G831t

Greene, Robert
   33 estratégias de guerra : edição concisa / Robert Greene ; produção de Joots Elffers ; tradução Talita M. Rodrigues. - 1. ed. - Rio de Janeiro : Rocco, 2024.

   Tradução de: The 33 strategies of war : concise edition
   ISBN 978-65-5532-418-1

   1. Conduta. 2. Técnicas de autoajuda. I. Elffers, Joots. II. Rodrigues, Talita M. III. Título.

24-88094
CDD: 158.1
CDU: 159.947

Meri Gleice Rodrigues de Souza - Bibliotecária - CRB-7/6439

O texto deste livro obedece às normas do
Acordo Ortográfico da Língua Portuguesa.

SUMÁRIO

PARTE I GUERRA AUTODIRIGIDA

1 • página 13
DECLARE GUERRA A SEUS INIMIGOS:
A ESTRATÉGIA DA POLARIDADE

2 • página 19
NÃO COMBATA A GUERRA QUE JÁ PASSOU:
A ESTRATÉGIA DA GUERRILHA MENTAL

3 • página 25
EM MEIO AO TURBILHÃO DE ACONTECIMENTOS,
NÃO PERCA A PRESENÇA DE ESPÍRITO:
A ESTRATÉGIA DO CONTRAPESO

4 • página 31
CRIE UMA SENSAÇÃO DE URGÊNCIA E DESESPERO:
A ESTRATÉGIA DA ZONA DE MORTE

PARTE II GUERRA ORGANIZACIONAL (DE EQUIPE)

5 • página 39
EVITE AS ARMADILHAS DO PENSAMENTO EM GRUPO:
A ESTRATÉGIA DE COMANDO-E-CONTROLE

6 • página 45
SEGMENTE SUAS FORÇAS:
A ESTRATÉGIA DO CAOS CONTROLADO

7 • página 49
TRANSFORME SUA GUERRA EM UMA CRUZADA:
ESTRATÉGIAS PARA LEVANTAR O MORAL

PARTE III   GUERRA DEFENSIVA

8 • página 59
ESCOLHA SUAS BATALHAS COM CUIDADO:
A ESTRATÉGIA DA ECONOMIA PERFEITA

9 • página 65
VIRE A MESA:
A ESTRATÉGIA DO CONTRA-ATAQUE

10 • página 71
CRIE UMA PRESENÇA AMEAÇADORA:
ESTRATÉGIAS DE DISSUASÃO

11 • página 77
TROQUE ESPAÇO POR TEMPO:
A ESTRATÉGIA DO NÃO COMPROMISSO

PARTE IV   GUERRA OFENSIVA

12 • página 83
PERCA BATALHAS, MAS GANHE A GUERRA:
A GRANDE ESTRATÉGIA

13 • página 91
CONHEÇA SEU INIMIGO:
A ESTRATÉGIA DA INTELIGÊNCIA

14 • página 97
**VENÇA A RESISTÊNCIA COM MOVIMENTOS
VELOZES E IMPREVISÍVEIS:
A ESTRATÉGIA DA *BLITZKRIEG***

15 • página 101
**CONTROLE A DINÂMICA:
FORÇANDO ESTRATÉGIAS**

16 • página 107
**ATINJA-OS ONDE DÓI:
A ESTRATÉGIA DO CENTRO DE GRAVIDADE**

17 • página 111
**DERROTE-OS EM DETALHES:
A ESTRATÉGIA DO DIVIDIR-E-CONQUISTAR**

18 • página 115
**EXPONHA E ATAQUE O LADO FRÁGIL DE SEUS
ADVERSÁRIOS:
A ESTRATÉGIA CRUCIAL**

19 • página 119
**CERQUE O INIMIGO:
A ESTRATÉGIA DA ANIQUILAÇÃO**

20 • página 123
**MANOBRE-OS EM DIREÇÃO À FRAQUEZA:
A ESTRATÉGIA DO AMADURECIMENTO-PARA-A-FOICE**

21 • página 131
**NEGOCIE ENQUANTO AVANÇA:
A ESTRATÉGIA DA GUERRA DIPLOMÁTICA**

22 • página 137
SAIBA COMO TERMINAR AS COISAS:
A ESTRATÉGIA DA SAÍDA

PARTE V   GUERRA (SUJA) NÃO CONVENCIONAL

23 • página 145
TEÇA UMA MESCLA IMPERCEPTÍVEL DE FATO E FICÇÃO:
ESTRATÉGIAS DE PERCEPÇÕES ERRADAS

24 • página 153
ADOTE A LINHA DO MÍNIMO DE EXPECTATIVAS:
A ESTRATÉGIA DO ORDINÁRIO-EXTRAORDINÁRIO

25 • página 161
OCUPE O TERRENO ELEVADO DA MORAL:
A ESTRATÉGIA JUSTA

26 • página 165
NEGUE-LHES ALVOS:
A ESTRATÉGIA DO VAZIO

27 • página 173
FAÇA DE CONTA QUE ESTÁ TRABALHANDO PELOS
INTERESSES ALHEIOS ENQUANTO PROMOVE OS SEUS:
A ESTRATÉGIA DA ALIANÇA

28 • página 179
DÊ A SEUS INIMIGOS CORDA PARA SE ENFORCAREM:
A ESTRATÉGIA DE MANOBRA PARA GANHAR VANTAGEM

29 • página 185
**MORDA AOS BOCADINHOS:
A ESTRATÉGIA DO *FAIT ACCOMPLI***

30 • página 189
**PENETRE EM SUAS MENTES:
ESTRATÉGIAS DE COMUNICAÇÃO**

31 • página 195
**DESTRUA DE DENTRO PARA FORA:
A ESTRATÉGIA DO FRONTE-INTERIOR**

32 • página 201
**DOMINE ENQUANTO PARECE SE SUBMETER:
A ESTRATÉGIA DA AGRESSÃO PASSIVA**

33 • página 207
**SEMEIE INCERTEZA E PÂNICO COM ATOS DE TERROR:
A ESTRATÉGIA DA REAÇÃO EM CADEIA**

PARTE

I

GUERRA AUTODIRIGIDA

A guerra (ou qualquer tipo de conflito) é travada e vencida com estratégia. Sua mente é o ponto de partida de todas as guerras e estratégias. Uma mente que seja dominada com muita facilidade por emoções, que esteja enraizada no passado e não no presente, que não possa ver o mundo com clareza e urgência, criará estratégias que sempre errarão o alvo.

Para se tornar um verdadeiro estrategista, você deve dar três passos. Primeiro, tomar consciência das fraquezas e doenças que possam se apoderar da mente, deformando seus poderes estratégicos. Segundo, declarar uma espécie de guerra contra si mesmo para se fazer andar para frente. Terceiro, trave uma cruel e contínua batalha contra os inimigos dentro de você, aplicando certas estratégias.

Os quatro capítulos a seguir são projetados para chamar sua atenção para os distúrbios que estão provavelmente se desenvolvendo em sua mente agora mesmo e armar você com estratégias específicas para eliminá-los.

1

DECLARE GUERRA A SEUS INIMIGOS
A Estratégia da Polaridade

A vida é um sem-fim de batalhas e conflitos, e você não pode lutar com eficiência se não puder identificar seus inimigos. As pessoas são sutis e evasivas, disfarçando suas intenções, fingindo estar do seu lado. Você precisa de clareza. Aprenda a desmascarar seus inimigos, a localizá-los pelos sinais e padrões que revelam sua hostilidade. E, então, com eles à vista, declare interiormente guerra. Como os polos opostos de um ímã criam movimento, seus inimigos – seus opostos – podem encher você de propósito e direção. Como pessoas que ficam em seu caminho, que representam o que você abomina, pessoas às quais reagir são uma fonte de energia. Não seja ingênuo: com alguns inimigos não pode haver concessões, não existe meio-termo.

CHAVES PARA A GUERRA

A oposição de um membro a um associado não é um fator social puramente negativo, no mínimo porque essa oposição é com frequência o único meio de tornar a vida com pessoas, que na verdade são insuportáveis, pelo menos possível. Se não temos nem mesmo o poder e o direito de nos rebelarmos contra tirania, arbitrariedade, mau humor, falta de tato, não poderíamos suportar ter qualquer relação com pessoas cujo caráter nos faz assim sofrer. Nos sentiríamos forçados a dar passos desesperados – e estes, na verdade, terminariam a relação, mas talvez não constituiriam um "conflito". Não só pelo fato de que... a opressão em geral aumenta se é suportada com calma e sem protestos, mas também porque a oposição nos dá íntima satisfação,

Vivemos em uma era em que é raro as pessoas serem diretamente hostis. As regras das relações – sociais, políticas, militares – mudaram, e o mesmo deve acontecer com sua noção de inimigo. Embora o mundo esteja mais competitivo do que nunca, a agressão aparente é desencorajada, de modo que as pessoas aprenderam a agir em segredo, a atacar de forma imprevisível e ardilosa. Muitas usam a amizade como um meio de mascarar desejos agressivos: elas se aproximam de você para causar um dano maior.

Sua primeira tarefa como estrategista é ampliar seu conceito de inimigo, para incluir nesse grupo aqueles que estão trabalhando contra você, frustrando você, ainda que sutilmente. Não seja a vítima ingênua. Não se veja constantemente recuando, reagindo às manobras de seus inimigos. Arme-se de prudência e jamais deponha suas armas, nem mesmo para os amigos.

As pessoas em geral escondem muito bem sua hostilidade, mas com frequência dão inconscientemente sinais de que nem tudo é o que parece. A questão não é desconfiar de todos os gestos amigos, mas notá-los. Registrar qualquer mudança na temperatura emocional: uma intimidade fora do comum, um novo desejo de trocar confidências, elogios excessivos a seu respeito para terceiros, o desejo de uma aliança que talvez faça mais sentido para a outra pessoa do que para você. Confie em seus instintos: se o comportamento de alguém lhe parecer suspeito, provavelmente é.

Você pode se recostar e ler os sinais ou trabalhar ativamente para desmascarar seus

33 ESTRATÉGIAS DE GUERRA

inimigos – soque a grama para surpreender as serpentes, como dizem os chineses. Diga ou faça alguma coisa que possa ser entendida de mais de uma forma, que possa ser suficientemente polida, mas que também um amigo possa ficar intrigado, mas deixará passar. O inimigo secreto, entretanto, vai reagir com raiva. Qualquer emoção forte, e você saberá que tem algo fervendo sob a superfície.

Compreenda: as pessoas tendem a ser vagas e escorregadias porque é mais seguro do que se comprometer com alguma coisa abertamente. Cuidado com pessoas que se escondem por trás de uma fachada de vaga abstração e imparcialidade: ninguém é imparcial. Uma pergunta feita com rispidez, uma opinião destinada a ofender farão com que reajam e tomem uma posição.

Às vezes é melhor adotar uma abordagem menos direta com seus inimigos em potencial – ser tão sutil e conivente quanto eles. Se amigos ou seguidores de cujas intenções você suspeita sugerem algo sutilmente hostil, ou contra seus interesses, concorde ou pareça fazer vista grossa: seus inimigos em breve se adiantarão mais um pouco, mostrando melhor suas intenções. Agora você os têm à vista e pode atacar.

Um inimigo, muitas vezes, é grande e difícil de distinguir – uma organização ou uma pessoa oculta por trás de alguma rede complicada. O que você precisa fazer é mirar uma parte do grupo – um líder, um porta-voz, um membro importante do círculo interno. Era assim que o ativista Saul Alinsky atacava corporações e burocracias. Jamais mire um inimigo vago, abstrato. É difícil convocar as

distração, alívio... Nossa oposição nos faz sentir que não somos totalmente vítimas das circunstâncias.

GEORG SIMMEL,
1858-1918

ESTRATÉGIA 1 | *15*

> *O homem existe desde que lhe façam oposição.*
>
> Georg Hegel, 1770-1831

emoções para combater uma batalha tão livre do derramamento de sangue que, de qualquer forma, deixa seu inimigo invisível. Personalize a luta, olho no olho.

Inimigos trazem muitas dádivas. Por exemplo, eles o motivam e colocam em foco as suas crenças. Inimigos também lhe dão um padrão segundo o qual julgar a si mesmo, pessoal e socialmente; foi preciso Joe Frazier para fazer de Muhammad Ali um verdadeiro grande lutador. Um adversário difícil extrairá de você o que há de melhor. E quanto maior o adversário, maior sua recompensa, mesmo na derrota. É melhor perder para um adversário de valor do que esmagar um inimigo inofensivo qualquer. Você conquistará simpatia e respeito, aumentando o apoio para sua próxima luta.

Ser atacado é um sinal de que você é importante o suficiente para ser um alvo. Você deveria sentir prazer na atenção e na chance de provar quem é. Os líderes sempre acharam útil ter um inimigo às portas em épocas de agitação, distraindo o público de suas dificuldades. Ao usar seus inimigos para organizar suas tropas, polarize-os até onde for possível: eles combaterão com mais ferocidade quando se sentirem um pouco odiados. Portanto, exagere as diferenças entre você e o inimigo – trace as linhas claramente. A vitória é sua meta, não a justiça e o equilíbrio. Use a retórica da guerra para aumentar o interesse e estimular os ânimos.

O que você precisa na guerra é espaço de manobra. Espaços apertados significam morte. Ter inimigos lhe dá opções. Você pode colocá-los uns contra os outros, fazer um amigo como uma forma de atacar o outro, repetidas vezes. Sem inimigos, você não saberá como ou onde manobrar e perderá a noção de seus limites, de até onde pode ir. Lembre-se: há sempre pessoas que são mais agressivas, mais traiçoeiras, mais cruéis do que você, e é inevitável que algumas delas cruzem seu caminho. Você terá uma tendência a querer conciliar e se comprometer com elas. Com certas pessoas você tem de ser mais duro, reconhecer que não existe meio-termo, nenhuma esperança de conciliação. Para seu adversário, seu desejo de fazer concessões é uma arma a ser usada contra você.

Imagem:
A Terra. O inimigo é o chão sob seus pés. Ele tem uma gravidade que o segura no lugar, uma força de resistência. Lance raízes profundas nesta terra para conquistar firmeza e força. Sem um inimigo para pisar, sobre o qual caminhar, você se desorienta e perde todo o senso de proporção.

Autoridade: Se você conta com a segurança e não pensa no perigo, se você não sabe o suficiente para estar atento quando chegarem os inimigos, é como o pardal fazendo ninho em uma tenda, um peixe nadando em um caldeirão – não duram um dia. – *Chuko Liang (181-234 d.C.)*

2

NÃO COMBATA A GUERRA QUE JÁ PASSOU
A Estratégia da Guerrilha Mental

Aquilo que com mais frequência o desanima e o deixa infeliz é o passado, na forma de apegos desnecessários, repetições de fórmulas desgastadas e a lembrança de antigas vitórias e derrotas. Você deve travar conscientemente uma batalha contra o passado e fazer um esforço para reagir ao momento presente. Seja implacável com você mesmo; não repita os mesmos métodos esgotados. Às vezes você precisa se obrigar a partir em novas direções, mesmo que elas envolvam riscos. O que você talvez perca em conforto e segurança, ganhará em surpresa, deixando seus inimigos sem saber o que você vai fazer. Trave uma guerrilha mentalmente, não aceitando linhas estáticas de defesa, nenhuma cidadela exposta – torne tudo fluido e móvel.

Saber que se está em uma determinada condição, em um determinado estado, já é um processo de liberação; mas o homem que não tem consciência de sua condição, de sua luta, tenta ser outra coisa que não é ele, que dá origem ao hábito. Portanto, tenhamos em mente que queremos examinar o que é, observar e estar atentos a exatamente o que é o real, sem lhe dar uma interpretação. É preciso uma mente extraordinariamente astuta, um coração extraordinariamente flexível para estar atento e acompanhar o que é; porque o que é está sempre se movendo, continuamente passando por uma transformação, e se a mente está acorrentada à crença, ao conhecimento, ela cessa de buscar, ela cessa de acompanhar o rápido movimento do que é. O que é não é estático, certamente

CHAVES PARA A GUERRA

Ao olharmos para uma experiência desagradável ou incômoda do passado, a ideia inevitavelmente nos ocorre: se tivéssemos dito ou feito *x* em vez de *y*, se pudéssemos fazer de novo. Muitos generais perderam a cabeça no calor da batalha e depois, olhando para trás, pensaram na única tática, na única manobra que teria mudado tudo. O problema, entretanto, não é que só pensamos na solução quando já é tarde. O problema é que imaginamos que o conhecimento é o que estava faltando: se tivéssemos sabido, se tivéssemos pensado melhor. Esta é exatamente a abordagem errada. O que nos desvia do caminho certo é não estarmos sintonizados com o momento presente, insensíveis às circunstâncias. Estamos ouvindo nossos próprios pensamentos, reagindo às coisas que nos aconteceram no passado, aplicando teorias e ideias que digerimos faz tempo, mas que nada têm a ver com nossas dificuldades no presente.

Compreenda: os maiores generais, os estrategistas mais criativos, se destacam não porque têm mais conhecimentos, mas porque são capazes, quando necessário, de largar suas noções preconcebidas e se concentrar intensamente no momento presente. É assim que nasce a centelha da criatividade e as oportunidades são aproveitadas. Quanto melhor pudermos adaptar nossos pensamentos às circunstâncias que não são mais as mesmas, mais realistas serão nossas respostas a elas.

Reexamine todas as suas crenças e princípios prediletos. Quando perguntaram a Napoleão que princípios de guerra ele seguia, a resposta foi: nenhum. Seu gênio era sua habilidade para reagir às circunstâncias, fazer o máximo do que lhe era dado – ele foi o supremo oportunista. Seu único princípio, igualmente, deve ser não ter princípios.

Quando você se vê diante de uma nova situação, muitas vezes é melhor imaginar que não sabe nada e que precisa começar a aprender tudo de novo. Limpar a mente de tudo que você pensava saber, mesmo suas ideias preferidas, lhe dará o espaço mental para ser educado por sua experiência presente – a melhor escola de todas. Você vai desenvolver os seus próprios músculos estratégicos, em vez de depender das teorias e livros dos outros.

Apague a memória da última guerra. A última guerra que você combateu é um perigo, mesmo que você tenha vencido. Ela está fresca em sua mente. Se você se saiu vitorioso, tenderá a repetir as estratégias que acabou de usar, pois o sucesso nos deixa preguiçosos e complacentes; se você perdeu, talvez esteja desconfiado e indeciso. Não pense na última guerra; você não tem a distância nem o desapego. Em vez disso, faça o que puder para apagá-la de sua mente.

Mantenha a mente em movimento. Quando crianças, nossas mentes não paravam nunca. Estávamos abertos a novas experiências e absorvíamos o máximo possível.

Todos os grandes estrategistas foram infantis neste aspecto. Às vezes, na verdade, eles até agiam como crianças. A razão é simples: estrategistas superiores veem as coisas como elas são. Eles são altamente sensíveis a riscos e oportunidades. Nada permanece a mesma

– está constantemente se movendo, como você verá, se observar com atenção. Para acompanhá-lo, você precisa de uma mente rápida e um coração flexível – que são negados quando a mente é estática, fixada em uma crença, em um preconceito, em uma identificação; e uma mente e um coração secos não podem acompanhar, com facilidade, rapidez o que é.

JIDDU KRISHNAMURTI,
1895-1986

Minha política é não ter política.

ABRAHAM LINCOLN,
1809-65

> Se você coloca uma cuia vazia na água e a toca, ela escorrega para um lado. Por mais que você tente, ela não fica em um lugar só. A mente de quem chegou ao estado máximo não fica com coisa alguma, nem por um segundo. É como uma cuia vazia na água que é empurrada de um lado para o outro.
>
> Takuan, Japão, 1573-1645

coisa na vida e acompanhar as circunstâncias conforme elas mudam requer uma grande fluidez mental. Grandes estrategistas não agem de acordo com ideias preconcebidas: eles reagem ao momento, como crianças. Suas mentes estão sempre se movendo e eles estão sempre excitados e curiosos. Eles esquecem rapidamente o passado – o presente é muito mais interessante. Sempre que você perceber seus pensamentos girando em torno de um assunto ou ideia em particular – uma obsessão, um ressentimento –, empurre-os para o passado. Distraia-se com outra coisa. Como uma criança, encontre algo novo em que se concentrar, algo que mereça sua atenção. Não perca tempo com coisas que não pode mudar ou influenciar. Não fique parado.

Absorva o espírito dos tempos. Sintonize-se com o espírito dos tempos. Desenvolver antenas para as tendências que ainda estão para surgir toma tempo e estudo, assim como a flexibilidade para se adaptar a estas tendências. Conforme você envelhece, é melhor alterar periodicamente seu estilo. Ao se adaptar e mudar de estilo constantemente, você evitará as armadilhas de suas guerras anteriores. Assim que as pessoas acharem que o conhecem, você muda.

Curso inverso. Às vezes você precisa se sacudir, libertar-se das garras do passado. Isto pode assumir a forma de inversão de seu curso, fazer o oposto do que faria normalmente em uma determinada situação, colocando-se em alguma circunstância inusitada, ou literalmente começando tudo de novo. Nessas situações, a mente tem de lidar com uma nova realidade, e aí acorda para a vida.

33 ESTRATÉGIAS DE GUERRA

Pense em sua mente como um exército. Exércitos precisam se adaptar à complexidade e ao caos das guerras modernas, tornando-se mais fluidos e manobráveis. A extensão máxima desta evolução é a guerrilha, que explora o caos fazendo da desordem e da imprevisibilidade uma estratégia. A guerra de guerrilhas não para nunca para defender um lugar em particular ou uma cidade; ela vence ao se mover sempre, permanecendo um passo à frente. Sem obedecer a nenhum padrão definido, ela não dá um alvo ao inimigo.

Esse é o modelo para sua nova maneira de pensar. Não aplique nenhuma tática rígida. Ataque os problemas de novos ângulos, adaptando-se ao cenário e ao que você recebe. Ficando em constante movimento, você não mostra a seus inimigos um alvo para mirar.

Imagem: Água.
 Adaptando sua forma
  para onde quer que
   se mova
    o rio,
    empurrando
   as pedras que estão
    em seu caminho, alisando
    as rochas,
     ele nunca para,
      nunca é o mesmo.
       Quanto mais rápido
        se move,
         mais claro
          fica.

ROBERT GREENE

> **Autoridade:** Alguns de nossos generais falharam porque resolveram tudo segundo as regras. Eles sabiam o que Frederico fez em um lugar e Napoleão em outro. Eles estavam sempre pensando no que Napoleão faria... Não subestimo o valor do conhecimento militar, mas se os homens fazem a guerra em servil observação de regras, fracassarão... A guerra é progressiva. – *Ulysses S. Grant (1822-85)*

3

EM MEIO AO TURBILHÃO DE ACONTECIMENTOS, NÃO PERCA A PRESENÇA DE ESPÍRITO
A Estratégia do Contrapeso

No calor da batalha, a mente tende a perder o equilíbrio. Você enfrenta muitas coisas ao mesmo tempo – contratempos, dúvidas e críticas dos próprios aliados. É perigoso reagir emocionalmente, com medo, depressão ou frustração. É vital conservar a presença de espírito, mantendo seus poderes mentais, sejam quais forem as circunstâncias. Você deve resistir ativamente ao impulso emocional do momento – permanecendo decidido, confiante e agressivo, não importa o que o atacar. Fortaleça sua mente ainda mais, expondo-a a adversidades. Aprenda a se desprender do caos do campo de batalha. Deixe que os outros percam a cabeça; sua presença de espírito o afastará da influência deles e o manterá no curso.

A primeira qualidade de um general chefe é ter uma cabeça fria que receba impressões exatas das coisas, que jamais se esquente, que jamais se permita ficar deslumbrada ou inebriada pelas boas ou más notícias. As sucessivas sensações simultâneas que ele recebe ao longo de um dia devem ser classificadas e ocupar os lugares certos onde merecem estar, porque o bom senso e a razão são resultados da comparação de várias sensações, cada uma igualmente bem considerada. Existem certos homens que, por conta de suas constituições morais e físicas, pintam quadros mentais de tudo: por mais exaltadas que sejam suas razões, suas vontades, suas coragens, e sejam lá quais forem as boas qualidades que talvez possuam,

CHAVES PARA A GUERRA

Nós, humanos, gostamos de nos ver como criaturas racionais. Imaginamos que o que nos separa dos animais é a nossa capacidade de pensar e raciocinar. Mas isso é verdade apenas em parte: o que nos distingue dos animais tanto quanto isso é nossa capacidade de rir, chorar, sentir uma variedade de emoções.

Nós mantemos a ilusão de que somos racionais com a rotina de nossas ocupações cotidianas, que nos ajuda a manter as coisas calmas e aparentemente sob controle. Mas coloque qualquer um de nós em uma situação adversa e nossa racionalidade desaparece; nós reagimos à pressão ficando cada vez mais temerosos, impacientes, confusos.

Compreenda: sua mente é mais fraca do que suas emoções. Mas você só tem consciência desta fraqueza nos momentos de adversidade – exatamente quando você precisa de força. O que o faz mais bem equipado para enfrentar o calor da batalha não é mais conhecimento nem mais inteligência. O que fortalece sua mente e a torna mais capaz de controlar suas emoções é disciplina e firmeza interior.

Ninguém pode lhe ensinar esta habilidade; você não aprende nos livros. Como qualquer disciplina, ela vem apenas com a prática, a experiência, até com um pouco de sofrimento. Pense nas ideias a seguir como exercícios, modos de fortalecer sua mente, cada uma, um tipo de contrapeso para a irresistível atração das emoções.

Exponha-se ao conflito. É melhor enfrentar seus medos, deixar que venham à tona, depois ignorá-los ou recalcá-los. O medo é a emoção mais destrutiva para a presença de espírito, mas ele se alimenta do desconhecido, que deixa nossa imaginação correr frouxa. Ao se colocar intencionalmente em situações nas quais é obrigado a enfrentar o medo, você se familiariza com ele e sua ansiedade se torna menos aguda. A sensação de superar um medo profundamente enraizado, por sua vez, lhe dá confiança e presença de espírito. Quanto maior o número de conflitos e situações difíceis em que você se colocar, mais testada para a batalha estará a sua mente.

a natureza não os equipou para comandar exércitos, nem para dirigir grandes operações de guerra.

NAPOLEÃO BONAPARTE, 1769-1821

Tenha confiança em si mesmo. Não há nada pior do que se sentir dependente dos outros. A dependência o deixa vulnerável a todos os tipos de emoção – traição, desapontamento, frustração – que destroem seu equilíbrio mental.

Ter autoconfiança é crítico. Para depender menos dos outros e dos assim chamados especialistas, você precisa expandir seu repertório de habilidades. E confiar mais no próprio julgamento. Compreenda: nós tendemos a superestimar as habilidades alheias – no fim das contas, eles estão se esforçando para parecer que sabem o que fazem – e a subestimar as nossas. Você precisa compensar isto confiando mais em você mesmo e menos nos outros.

Mas é importante lembrar que ter autoconfiança não é se sobrecarregar com detalhes insignificantes. Você deve ser capaz de distinguir entre as coisas pequenas, que é melhor deixar para os outros, e questões maiores, que exigem atenção e cuidado.

Era uma vez uma raposa que nunca tinha visto um leão. Mas um dia ela se viu frente a frente com uma dessas feras. Nesta primeira ocasião, ela ficou tão aterrorizada que achou que ia morrer de medo. Ela o encontrou de novo, e desta vez também se assustou, mas não tanto como da primeira vez. Mas, na terceira ocasião, ao vê-lo, ela na verdade reuniu toda a coragem para se aproximar dele e conversar.

Esta fábula mostra que a familiaridade atenua nossos medos.

FÁBULAS, ESOPO,
SÉCULO VI A.C.

Tenha paciência e boa vontade para com os tolos. Você não pode estar em toda parte ou combater todo mundo. Seu tempo e sua energia têm limite, e você precisa aprender a preservá-los. O esgotamento e a frustração podem acabar com sua presença de espírito. O mundo está cheio de gente tola – pessoas que não sabem esperar os resultados, que mudam com o vento, que não enxergam um palmo adiante do nariz. Se trabalhar com tolos, não lute contra eles. Pelo contrário, considere-os da mesma forma que você considera as crianças ou os animaizinhos de estimação: eles não são importantes o suficiente para afetar seu equilíbrio mental.

Exclua todos os sentimentos de pânico concentrando-se em tarefas simples. Quando as circunstâncias nos assustam, nossa imaginação tende a assumir o controle, enchendo nossas mentes de ansiedades sem fim. Você precisa controlar sua imaginação, o que é mais fácil de dizer do que de fazer. Quase sempre a melhor maneira para se acalmar e ter este controle é forçar a mente a se concentrar em algo relativamente simples – um ritual tranquilizante, uma tarefa repetitiva que você faça bem. Você está criando o tipo de serenidade que lhe é natural, quando sua mente está absorta em um problema. Uma mente focada não tem espaço para ansiedades ou para os efeitos do excesso de imaginação.

Não se deixe intimidar. A intimidação sempre será uma ameaça a sua presença de espírito. É uma sensação difícil de combater.

A chave para continuar não se deixando intimidar é convencer-se de que a pessoa que você está enfrentando é um mero mortal, em nada diferente de você – o que de fato é verdade. Veja a pessoa, não o mito. Imagine-a como uma criança, como alguém cheio de inseguranças. Reduzir o outro as suas devidas proporções o ajudará a manter o seu equilíbrio mental.

Desenvolva seu *Fingerspitzengefühl* (tato na ponta dos dedos). A presença de espírito depende não só de sua habilidade mental para socorrê-lo em situações difíceis, mas também da velocidade com que isso acontece. "Velocidade" aqui significa reagir às circunstâncias com rapidez e tomar decisões relâmpago. Este poder muitas vezes é interpretado como uma espécie de intuição, o que os alemães chamam de *Fingerspitzengefühl* (tato na ponta dos dedos).

Há coisas que você pode fazer para ajudá-lo a reagir mais rápido e despertar aquele sentimento intuitivo que todos os animais possuem. O conhecimento profundo do terreno permitirá que você processe informações mais rápido do que seu inimigo, uma tremenda vantagem. Conhecer os homens em espírito e matéria, entrar no pensamento deles em vez de vê-los de fora, ajudará você a se colocar em um outro estado mental, menos consciente e forçado, mais inconsciente e intuitivo. Faça com que sua mente se habitue a tomar decisões relâmpago, confiando em sua sensibilidade na ponta dos dedos.

Finalmente, não pense na presença de espírito como uma qualidade útil apenas nos períodos de adversidade, algo para ligar e desligar conforme você precise. Cultive-a como uma

Em uma famosa ocasião durante a guerra civil, César tropeçou ao desembarcar de um navio nas praias da África e caiu de cara no chão. Com seu talento para improvisações, ele abriu os braços e abraçou a terra como um símbolo de conquista. Pensando rápido, ele transformou um terrível presságio de fracasso em presságio de vitória.

CÍCERO: THE LIFE AND TIMES OF ROME'S GREATEST POLITICIAN, ANTHONY EVERITT, 2001 condição diária. Quanto mais você se aprimorar no jogo da guerra, mais sua disposição de espírito guerreira o servirá na vida diária. Quando surgir uma crise, sua mente já estará calma e preparada. Uma vez tendo a presença de espírito se tornado um hábito, ela jamais o abandonará.

Imagem:
O Vento. O afluxo de eventos inesperados e as dúvidas e críticas daqueles que o cercam são como um forte vento no mar. Ele pode vir de qualquer ponto da bússola, e não há para onde escapar, não há como prever quando e em que direção ele baterá. Mudar de direção a cada golpe de vento só o lançará para o mar aberto. Bons pilotos não desperdiçam tempo preocupando-se com o que não podem controlar. Eles se concentram em si mesmos, na habilidade e firmeza de sua mão, no curso que traçaram e em sua determinação de chegar ao porto, aconteça o que acontecer.

Autoridade: Uma boa parte da coragem é a coragem de ter feito a coisa antes.
– *Ralph Waldo Emerson (1803-82)*

4

CRIE UMA SENSAÇÃO DE URGÊNCIA E DESESPERO
A Estratégia da Zona de Morte

Você é seu pior inimigo. Você perde um tempo precioso sonhando com o futuro, em vez de se envolver com o presente. Visto que nada lhe parece urgente, você está apenas parcialmente envolvido no que faz. A única maneira de mudar é com ações e pressão externa. Coloque-se em situações nas quais haja muitas coisas em jogo e você não possa perder tempo ou recursos – se não pode dar-se o luxo de perder, não perderá. Corte seus laços com o passado; entre no território desconhecido em que você deve depender de sua inteligência e energia para vencer. Coloque-se na "zona de morte", na qual suas costas estão contra a parede e você tem de lutar como um louco para sair vivo dali.

> *Meditar sobre a morte inevitável deve ser uma atividade diária. Todos os dias, quando corpo e mente estão em paz, deve-se meditar sobre a possibilidade de ser dilacerado por setas, rifles, lanças e espadas, de ser carregado por ondas repentinas, ser lançado no meio de um grande incêndio, ser atingido por um raio, ser sacudido até a morte por um enorme terremoto, cair de rochas com muitos metros de altura, morrer de doença ou cometer* seppuku *pela morte de seu senhor. E todos os dias, sem falhar, a pessoa deve se considerar como morta.*
>
> Hagakure: O livro do samurai, Yamamoto Tsunetomo, 1659-1720

CHAVES PARA A GUERRA

Com muita frequência nos sentimos um tanto perdidos em nossas ações. Poderíamos fazer isto ou aquilo – temos muitas opções, mas nenhuma delas parece necessária o suficiente. Ocasionalmente, todos nós temos uma sensação de urgência. Com mais frequência ela vem de fora. Aí tudo muda; não há mais liberdade. Temos de fazer isto, precisamos consertar aquilo. A surpresa é sempre o quanto isto nos faz sentir mais entusiasmados e vivos; então tudo que fazemos parece necessário.

Líderes de exércitos têm pensado nisto desde que exércitos existem: como motivar os soldados, torná-los mais agressivos, mais desesperados? Alguns generais confiaram na oratória inflamada e aqueles especialmente bons nisso tiveram certo sucesso. Mas há mais de 2 mil anos o estrategista chinês Sun Tzu acabou por acreditar que ouvir discursos, por mais estimulantes que fossem, era uma experiência muito passiva para ter um efeito duradouro. Em vez disso, Sun Tzu falava de uma "zona de morte" – um lugar onde um exército está acuado contra algum acidente geográfico, como uma montanha, um rio ou uma floresta, e não tem por onde escapar. Sem ter para onde recuar, Sun Tzu argumentava, um exército luta com o dobro ou o triplo do ânimo que teria em campo aberto, porque a morte está visceralmente presente.

A zona de morte é um fenômeno psicológico que transcende o campo de batalha; é qualquer conjunto de circunstâncias no qual você se sente preso e sem opções. Você precisa agir ou sofrer as consequências.

Compreenda: nós somos criaturas intimamente ligadas a nosso ambiente – reagimos de forma visceral as nossas circunstâncias e às pessoas a nossa volta. Se a nossa situação é fácil e relaxada, se as pessoas são gentis e afetuosas, nossa tensão natural se desfaz. Mas coloque-se em uma situação de alto risco – uma zona de morte psicológica – e a dinâmica muda. Seu corpo reage ao perigo com um surto de energia; sua mente se concentra.

O truque é usar este efeito deliberadamente, de tempos em tempos, praticá-lo em si mesmo como uma espécie de toque de despertar. As cinco ações a seguir destinam-se a colocar você em uma zona de morte psicológica:

Aposte tudo em um único lance. Muitas vezes, tentamos muitas coisas ao mesmo tempo, pensando que uma delas nos trará sucesso, mas nestas situações nossas mentes estão difusas, nossos esforços, sem entusiasmo. É melhor enfrentar um desafio intimidante, mesmo um que os outros pensem ser tolice. Nosso futuro está em jogo; não podemos nos dar o luxo de perder. Assim, não perdemos.

Aja antes de estar pronto. Em geral esperamos demais para agir, principalmente quando enfrentamos pressão externa. Às vezes é melhor agir antes de achar que está pronto – para forçar a decisão. Não só você surpreenderá seus adversários, como terá também aproveitado ao máximo seus recursos. Você se comprometeu e não pode voltar atrás.

Entre em novas águas. Você às vezes tem de se forçar a deixar para trás relacionamentos rançosos e situações confortáveis, cortando seus laços com o passado. Se você se colocar

O senhor Naoshige disse: "O caminho do samurai é em desespero. Dez homens ou mais não podem matar um homem assim. O bom senso não fará grandes coisas. Simplesmente torne-se louco e desesperado."

HAGAKURE:
O LIVRO DO SAMURAI.
YAMAMOTO
TSUNETOMO,
1659-1720

A morte não é nada, mas viver derrotado é morrer a cada dia.

NAPOLEÃO BONAPARTE,
1769-1821

> *Senhores, a vida é curta! Gastar essa brevidade com mesquinharias foi demais, se a vida cavalgava um ponteiro de relógio, ainda terminando ao completar uma hora. E se vivemos, vivemos para pisar em reis; se morremos, brava morte, quando príncipes morrem conosco.*
>
> Henrique IV, Parte I, William Shakespeare, 1564-1616

em uma situação sem saída, terá de fazer seu novo empenho funcionar.

Converta isso em "você contra o mundo". Um espírito combativo precisa de certo nervosismo, um pouco de raiva e ódio para alimentá-lo. Portanto não se recoste na cadeira e espere que as pessoas fiquem agressivas; irrite-as, deixe-as furiosas, deliberadamente. Sentindo-se acuado por uma multidão de pessoas que não gostam de você, você lutará furiosamente.

Mantenha-se inquieto e insatisfeito. Quando estamos cansados, muitas vezes é por nos sentirmos entediados. Quando não temos nenhum desafio real diante de nós, baixa uma letargia mental e física. A falta de energia vem de uma falta de desafios, quando assumimos menos do que somos capazes. Arrisque-se e seu corpo e sua mente reagirão com um surto de energia. Faça do risco uma prática constante; jamais se deixe acomodar. Em breve, viver na zona de morte se tornará uma espécie de vício – você não vai conseguir viver sem isso.

Imagem:
Fogo. Por si mesmo
não tem força; depende
de seu ambiente. Dê-lhe
ar, madeira seca, um vento
para soprar as chamas e
ele ganha um impulso
aterrorizante, cada vez mais
quente, alimentando-se de
si mesmo, consumindo tudo
em seu caminho. Jamais
deixe um poder tão
grande ao acaso.

33 ESTRATÉGIAS DE GUERRA

Autoridade: Quando você vai sobreviver, se lutar rapidamente, e morrer, se não fizer isso, esta situação se chama de zona [de morte]... Coloque-os em um lugar onde não tenham para onde ir, e eles morrerão antes de fugir. Se vão morrer ali, o que não poderão fazer? Guerreiros exercem sua força total. Quando guerreiros estão em grande perigo, então não sentem medo. Quando não há para onde ir, eles são firmes; quando estão profundamente envolvidos, não vacilam. Se não têm escolha, lutarão. – *A arte da guerra*, Sun Tzu *(século IV a.C.)*

Quando o perigo é maior. – É raro uma pessoa quebrar a perna quando no decorrer da vida ela está se esforçando para subir – isso acontece com muito mais frequência quando a pessoa começa a não se preocupar e escolhe os caminhos fáceis.

FRIEDRICH NIETZSCHE, 1844-1900

PARTE

II

GUERRA ORGANIZACIONAL (DE EQUIPE)

Você pode ter ideias brilhantes, pode ser capaz de inventar estratégias invencíveis, mas se o grupo que você lidera, e de que você depende para executar seus planos, é indiferente e pouco criativo e se seus membros sempre colocam as prioridades deles em primeiro lugar, suas ideias não significarão nada. Você deve aprender a lição da guerra: é a estrutura do exército – a cadeia de comando e o relacionamento das partes com o todo – que dará força a suas estratégias.

O objetivo primário na guerra é dar rapidez e mobilidade à estrutura do seu exército. Isso significa ter uma única autoridade no topo, evitando a hesitação e a confusão da liderança dividida. Significa dar aos soldados uma noção do objetivo global a ser alcançado e a amplitude para agir a fim de realizar esse objetivo; em vez de reagir como autômatos, eles serão capazes de se mostrarem sensíveis ao que está acontecendo no campo. Finalmente, significa motivar soldados, criar um espírito de corporação que lhes dá um ímpeto irresistível. Com forças assim organizadas, um general pode adaptar-se às circunstâncias mais rápido do que o inimigo, ganhando uma decidida vantagem. Este modelo militar é extremamente adaptável a qualquer grupo. Tem uma única e simples exigência: antes de formular uma estratégia ou agir, compreenda a estrutura de seu grupo. Você sempre pode mudá-la e redesenhá-la para se adequar a seus propósitos. Os três capítulos seguintes o ajudarão a se concentrar nesta questão crítica e lhe darão opções estratégicas – modelos organizacionais possíveis a seguir, assim como erros desastrosos a evitar.

5

EVITE AS ARMADILHAS DO PENSAMENTO EM GRUPO
A Estratégia de Comando-e-Controle

O problema da liderança de qualquer grupo é que as pessoas inevitavelmente têm as próprias prioridades. Se você for autoritário demais, elas se ressentirão e se rebelarão silenciosamente. Se você for muito complacente, elas se voltarão a seu egoísmo natural e você perderá o controle. Você precisa criar uma cadeia de comando na qual as pessoas não se sintam constrangidas por sua influência, mas sigam sua liderança. Coloque no lugar as pessoas certas – pessoas que executarão o espírito de suas ideias sem serem autômatas. Comande de forma clara e inspiradora, concentrando a atenção na equipe, não no líder. Crie um sentido de participação, mas não caia no pensamento de grupo – a irracionalidade da tomada de decisão coletiva. Mostre-se como um modelo de justiça, porém jamais renuncie à unidade de comando.

Como é diferente a coesão de um exército reunido em torno de uma só bandeira, carregada para a batalha ao comando pessoal de um general, e a de uma força militar aliada alastrando-se por cinquenta ou cem ligas, ou mesmo em lados diferentes do teatro! No primeiro caso, a coesão é a mais forte e a unidade, a mais próxima. No segundo caso, a unidade é muito remota, com frequência consistindo de não mais do que uma intenção política compartilhada, e portanto apenas escassa e imperfeita, enquanto a coesão das partes é principalmente fraca e muitas vezes não mais do que uma ilusão.

DA GUERRA, CARL VON CLAUSEWITZ, 1780-1831

CHAVES PARA A GUERRA

Agora, mais do que nunca, a boa liderança requer um toque hábil e sutil. A razão é simples; estamos desconfiando mais da autoridade. Ao mesmo tempo, quase todos nós nos imaginamos como autoridades por nossa própria conta – oficiais, e não soldados rasos. Sentindo necessidade de autoafirmação, as pessoas hoje colocam os próprios interesses antes dos da equipe. A unidade de grupo é frágil e pode facilmente se romper.

Estas tendências afetam líderes em aspectos que eles mal sabem. A tendência é dar mais poder ao grupo: querendo parecer democráticos, os líderes sondam toda a equipe atrás de opiniões, deixam o grupo tomar decisões, dão aos subordinados subsídios para a elaboração de uma estratégia geral. Sem perceber, estes líderes estão deixando a política do dia seduzi-los para transgredir uma das regras mais importantes da guerra e da liderança: a unidade de comando. Antes que seja tarde, aprenda as lições de guerra: liderança dividida é receita para desastre, a causa das maiores derrotas militares da história.

A liderança compartilhada é perigosa porque pessoas em grupos, com frequência, pensam e agem de maneira ilógica e ineficaz – chame isso de pensamento de grupo. Pessoas em grupo são políticas: elas dizem e fazem coisas que creem melhorar sua imagem perante o grupo. Elas querem agradar os outros, se autopromover, em vez de ver as coisas de forma desapaixonada. Onde um indivíduo pode ser corajoso e criativo, um grupo frequentemente fica com medo de arriscar. A necessidade de chegar a um acordo entre tantos egos diferentes mata a criatividade.

O grupo possui uma mente própria. E essa mente é prudente, lenta para tomar decisões, sem imaginação e, às vezes, completamente irracional. Este é o jogo que você deve fazer: faça o possível para preservar a unidade de comando. Mantenha as cordas a serem puxadas nas mãos; a visão estratégica abrangente deve vir de você e apenas de você. Ao mesmo tempo, oculte suas pistas. Trabalhe nos bastidores; faça o grupo se sentir participando de suas decisões. Busque o conselho deles, incorporando suas boas ideias, polidamente recusando as ruins.

Um passo crítico ao se criar uma cadeia de comando eficiente é montar uma equipe qualificada que compartilhe suas metas e valores. Esse time lhe dá muitas vantagens: pessoas motivadas, cheias de ânimo, que possam pensar sozinhas; uma imagem de pessoa que sabe delegar poderes, um líder justo e democrático; e uma economia de sua própria e valiosa energia, que você pode redirecionar para o quadro maior.

Ao criar este time, você está procurando pessoas que compensem suas deficiências, que tenham as habilidades que faltam a você. Cuidado ao montar sua equipe para não ser seduzido pela perícia e a inteligência. Caráter, habilidade para trabalhar sob seu comando e com o restante da equipe e capacidade de aceitar responsabilidades e pensar com independência são igualmente importantes. Confie na equipe que você montou, mas não seja seu prisioneiro nem lhe dê indevido prestígio.

Uma função-chave em qualquer cadeia de comando é receber informações rapidamente das trincheiras, permitindo que você

Qualquer exército é como um cavalo, que reflete o temperamento e o espírito de seu cavaleiro. Se existem uma inquietação e uma incerteza, elas se transmitem pelas rédeas, e o cavalo se sente inquieto e inseguro.

LONE STAR PREACHER,
CORONEL JOHN W.
THOMASON, JR., 1941

"*Achas que todos os gregos aqui podem ser reis? Não é bom ter uma carroça cheia de comandantes. Nós precisamos de um comandante, um rei, um a quem Zeus, filho de Cronos, o trapaceiro, tenha dado o bastão e o direito de tomar decisões para seu povo." E assim Ulisses dominou o exército. Os homens todos saíram de novo de seus barcos e cabanas e se reuniram em ovação.*

ILÍADA, HOMERO, C. SÉCULO IX A.C.

se adapte rápido às circunstâncias. Quanto mais curta e mais otimizada a cadeia de comando, melhor para o fluxo de informações. Mesmo assim, as informações muitas vezes se diluem ao passar pela cadeia.

Você precisa é daquilo que o historiador militar Martin van Creveld chama de "um telescópio direcionado"; pessoas em várias partes da cadeia de informação e outros lugares, para lhe dar informações instantâneas do campo de batalha. Estas pessoas – uma rede de informações formada por amigos, aliados e espiões – permitem que você supere a cadeia em marcha lenta.

O único grande risco para sua cadeia de comando vem dos animais políticos no grupo. Pessoas assim são inevitáveis; elas surgem como ervas daninhas em qualquer organização. Não apenas agem por conta própria, como montam facções para promover suas próprias prioridades e quebram a coesão que você construiu. Interpretando seus comandos para seus próprios propósitos, encontrando brechas em qualquer ambiguidade, elas criam rupturas invisíveis na cadeia.

Tente eliminá-las antes que apareçam. Ao contratar sua equipe, examine o histórico dos candidatos: são inquietos? Movem-se com frequência de um lugar para o outro? Esse é um sinal do tipo de ambição que os impedirá de se ajustarem. Quando as pessoas parecem compartilhar suas ideias exatamente, cuidado: é provável que as estejam espelhando para encantar você.

Outra solução é isolar os espiões políticos – não lhes dar espaço de manobra dentro da organização. Uma vez identificados os espiões no grupo, você deve agir rápido para impedi-los de construir uma base de poder de onde possam destruir sua autoridade.

Finalmente, preste atenção às ordens em si – as suas formas, assim como a sua substância. Ordens vagas são inúteis. Ao passarem de pessoa para pessoa, elas são irremediavelmente alteradas, e sua equipe começa a vê-las como símbolos de incerteza e indecisão. Por outro lado, se seus comandos são específicos demais e muito restritos, você encorajará as pessoas a agir como autômatos e deixar de pensar por si mesmas.

Ordens claras, inspiradoras, fazem os oficiais se sentirem no controle e enchem as tropas de espírito de combate.

Imagem: As Rédeas. Um cavalo sem rédeas é inútil, mas igualmente ruim é o cavalo cujas rédeas você puxa a cada passo, em um vão esforço de controlar. O controle vem quase do abandono, segurando as rédeas tão de leve que o cavalo não sente nenhum puxão, mas percebe a mais ligeira mudança na tensão e reage como você deseja. Nem todos sabem dominar tal arte.

Autoridade: Melhor um mau general do que dois bons. – *Napoleão Bonaparte (1769-1821)*

6

SEGMENTE SUAS FORÇAS
A Estratégia
do Caos Controlado

Os elementos críticos na guerra são rapidez e capacidade de adaptação – o talento para se mover e tomar decisões mais depressa do que o inimigo. Mas rapidez e adaptabilidade são difíceis de conseguir hoje em dia. Temos mais informações do que nunca nas pontas de nossos dedos, o que faz a interpretação e a tomada de decisão mais difíceis. Temos mais pessoas para controlar, essas pessoas estão mais espalhadas e enfrentamos mais incertezas. Aprenda com Napoleão, o maior mestre da guerra: velocidade e adaptabilidade vêm da organização flexível. Divida suas forças em grupos independentes que possam operar por si próprios. Torne suas forças difíceis de capturar e mais soltas, infundindo nelas o espírito de campanha, dando-lhes uma missão e, aí, deixando-as funcionar.

Finalmente, um ponto importante a ser considerado é que o sistema revolucionário de comando utilizado por Napoleão foi resultado não de avanços tecnológicos, como se poderia esperar, mas simplesmente de organização e doutrina superiores. Os meios técnicos à disposição do imperador não eram nem um pouco mais sofisticados do que os de seus adversários; a diferença é que ele possuía a ousadia e a engenhosidade necessárias para transcender os limites que a tecnologia havia imposto a comandantes durante milhares de anos. Enquanto os adversários de Napoleão buscavam manter o controle e minimizar a incerteza conservando suas forças bem concentradas, Napoleão preferia fazer o contrário, reorganizando e

CHAVES PARA A GUERRA

A essência da estratégia não é executar um plano brilhante que avance em etapas, é se colocar em situações nas quais você tem mais opções do que o inimigo. Uma organização rígida, centralizada, deixa você trancado em estratégias lineares; um exército fluido, segmentado, lhe dá opções. Estrutura é estratégia – talvez a escolha estratégica mais importante que você fará. Se você herdar um grupo, analise sua estrutura e altere-a para se adequar a seus propósitos. Despeje sua criatividade nesta organização, fazendo da fluidez sua meta.

O estado-maior geral da Alemanha que funcionou de 1808 até o final da Segunda Guerra Mundial, período em que os alemães venceram regularmente outros exércitos no campo de batalha, deveria servir de modelo organizacional para qualquer grupo que tivesse como objetivos mobilidade e profundidade estratégica. Primeiro, a estrutura do estado-maior era fluida, permitindo a seus líderes adaptá-la às próprias necessidades. Segundo, ela se examinava continuamente e se modificava de acordo com o que tinha aprendido. Terceiro, ela replicava sua estrutura pelo restante do exército: seus oficiais treinavam os oficiais abaixo deles e assim por diante. À menor equipe era incutida a filosofia global do grupo. Finalmente, em vez de emitir ordens rígidas, o estado-maior adotava o comando da missão, uma orientação para ser seguida em seu espírito, não ao pé da letra. Ao fazer oficiais e soldados se sentirem mais criativamente envolvidos, esta tática melhorava seu desempenho e acelerava o processo de tomadas de decisão. A mobilidade estava inserida no sistema.

33 ESTRATÉGIAS DE GUERRA

A chave é uma filosofia global de grupo. Isto pode ser construído em torno de uma causa pela qual você está lutando ou uma crença na maldade do inimigo que você enfrenta. Você deve unir o grupo em torno desta crença. Encontre exercícios para aumentar o conhecimento e a confiança mútua em suas tropas. Isto desenvolverá habilidades de comunicação implícitas entre elas e sua noção intuitiva do que fazer em seguida. Não confunda um clima sociável, de clube, com espírito de equipe e coesão. Mimar seus soldados e agir como se todos fossem iguais arruinará a disciplina e promoverá a criação de facções.

Finalmente, você precisa estruturar seu grupo de acordo com os pontos fortes e fracos de seus soldados, com suas circunstâncias sociais. Não lute contra as idiossincrasias de seus soldados, mas transforme-as em uma virtude, um modo de aumentar sua força potencial.

descentralizando seu exército de maneira a permitir a suas partes operar independentes por um período limitado de tempo e, por conseguinte, suportar um grau maior de incerteza. Em vez de deixar que meios tecnológicos à mão ditassem o estilo de estratégia e o funcionamento do comando, Napoleão tirava vantagem das próprias limitações impostas pela tecnologia.

COMMAND IN WAR, MARTIN VAN CREVELD, 1985

Imagem:
A Teia da Aranha.
A maioria dos animais ataca em linha reta; a aranha tece uma teia, adaptada a sua localização, e a tece em um padrão, simples ou complexo. Uma vez tecida, o trabalho está feito. A aranha não precisa caçar; ela simplesmente espera o próximo tolo cair nos fios quase invisíveis da teia.

A filosofia de comando de Patton era: "Jamais dizer às pessoas como fazer as coisas. Diga-lhes o que fazer, e elas o surpreenderão com sua engenhosidade."

PATTON: A GENIUS FOR WAR, CARLO D'ESTE, 1995

Autoridade: Assim o exército... se move para ter vantagem, e muda por meio da segmentação e da reunião. Assim sua velocidade é como o vento, sua lentidão como a floresta; sua invasão e pilhagem como um fogo... É tão difícil de saber quanto a escuridão; em movimento é como o trovão.
— *A arte da guerra, Sun Tzu (século IV a.C.)*

7

TRANSFORME SUA GUERRA EM UMA CRUZADA
ESTRATÉGIAS PARA LEVANTAR O MORAL

O segredo de motivar as pessoas e manter seu bom astral é fazer com que pensem menos nelas mesmas e mais no grupo. Envolva-as em uma causa, uma cruzada contra um inimigo odiado. Faça com que vejam a própria sobrevivência como associada ao sucesso do exército como um todo. Em um grupo em que as pessoas estão verdadeiramente unidas, humores e emoções são tão contagiantes que fica fácil contaminar suas tropas com entusiasmo. Lidere da linha de frente: deixe que seus soldados o vejam nas trincheiras sacrificando-se pela causa. Isso os encherá do desejo de seguir seu exemplo e agradar você. Que as recompensas e punições sejam raras, mas significativas. Lembre-se: um exército motivado pode fazer maravilhas, compensando qualquer falta de recurso material.

A ARTE DO GERENCIAMENTO HUMANO

> *Não se pode fazer nada com um exército que é um amálgama de cem pessoas aqui, cem pessoas ali, e assim por diante. O que se pode conseguir com 4 mil homens, unidos e de pé ombro a ombro, não se pode fazer com quarenta ou mesmo 400 mil homens divididos e empurrados para lá e para cá por conflitos internos...*
>
> RULES OF WAR AND BRAVERY, MUBARAK SHAH, PÉRSIA, SÉCULO XIII

Nós, humanos, somos egoístas por natureza. Nossos primeiros pensamentos em qualquer situação giram em torno de nossos interesses: como isto vai *me* afetar? Como isto vai *me* ajudar? Ao mesmo tempo, por necessidade, tentamos disfarçar nosso egoísmo, fazendo nossos motivos parecerem altruístas ou desinteressados. Nosso inveterado egoísmo e nossa habilidade em disfarçá-lo são problemas para você como líder. Você pode achar que o entusiasmo e o comprometimento das pessoas que trabalham para você são sinceros – isso é o que elas dizem, isso é o que suas ações sugerem. E aí você vai aos poucos percebendo sinais de que esta ou aquela pessoa está usando sua posição no grupo para promover interesses puramente pessoais. Um dia você acorda e se descobre liderando um exército de indivíduos coniventes, egoístas.

É quando você começa a pensar no moral, em encontrar um jeito de motivar suas tropas e moldá-las em um grupo. Talvez você tente com astúcia elogiar as pessoas, oferecer a elas a possibilidade de ganhar uma recompensa e acabe percebendo que as estragou, reforçando o egoísmo delas. Quem sabe você tente punições e disciplina só para deixá-las ressentidas e na defensiva. Ou tente inflamá-las com discursos e atividades de grupo, mas hoje em dia as pessoas são céticas; elas perceberão o que você está fazendo.

O problema não é o que você está fazendo, mas sim que já é tarde. Você começou a pensar no moral só depois que isso se tornou um problema, não antes. Esse é o seu erro. Aprenda com os grandes motivadores e líderes militares da história; a maneira de conseguir que soldados trabalhem juntos e mantenham o moral é fazê-los se sentir parte de um grupo que está lutando por uma causa digna. Isso os distrai de seus próprios interesses e satisfaz sua necessidade humana de se sentirem parte de algo maior do que eles. Eles começam logo a associar seu próprio sucesso ao do grupo; seus próprios interesses e os interesses maiores coincidem. Neste tipo de exército, as pessoas sabem que o comportamento egoísta as desgraçará aos olhos de seus companheiros. Elas se tornam sintonizadas com uma espécie de consciência de grupo.

O moral é contagiante: coloque as pessoas em um grupo coeso, animado, e elas naturalmente pegarão esse espírito. Se elas se rebelam ou revertem para um comportamento egoísta, são facilmente isoladas. Você precisa estabelecer esta dinâmica assim que se tornar o líder do grupo; ela só pode vir do topo – isto é, de você.

A habilidade para criar a dinâmica de grupo correta, para manter o espírito coletivo, é conhecida na linguagem militar como "gerenciamento humano".

Para criar a melhor dinâmica de grupo e evitar problemas de moral destrutivos, siga estes oito passos cruciais extraídos de escritos e experiências dos mestres na arte. É importante seguir o máximo de passos possível; nenhum é menos importante do que qualquer outro.

Passo 1: Una suas tropas em torno de uma causa. Faça-as lutar por uma ideia. Agora, mais do que nunca, as pessoas têm fome de acreditar em alguma coisa. Elas sentem um

Que peitoral mais forte do que um coração puro! Triplamente armado está o que tem sua disputa justificada, E o que está nu, embora trancado em aço, Cuja consciência com injustiça é corrompida.

HENRIQUE V, WILLIAM SHAKESPEARE, 1564-1616

> *Há sempre momentos em que o lugar do comandante não é lá atrás com sua equipe, mas com as tropas. É pura tolice dizer que a manutenção do moral dos homens é tarefa do comandante do batalhão apenas. Quanto mais alta a patente, maior o efeito do exemplo. Os homens tendem a não sentir nenhum contato com um comandante que, eles sabem, está sentado em algum lugar no quartel-general. O que eles querem é o que se poderia chamar de contato físico com ele. Em momentos de pânico, fadiga ou desorganização, ou quando algo fora do comum tem de ser exigido deles, o exemplo pessoal do comandante faz maravilhas, especialmente se ele teve o bom senso de criar uma espécie de lenda em torno de si mesmo.*
>
> Marechal de Campo Erwin Rommel, 1891-1944

vazio que, se deixadas sozinhas, podem tentar preencher com drogas ou modismos espirituais, mas você pode tirar proveito dele canalizando-o para uma causa pela qual você possa convencê-las de que vale a pena lutar. Una as pessoas em torno de uma causa e você cria uma força motivada.

A causa pode ser qualquer coisa que você quiser, mas você deve representá-la como progressista; ela se enquadra no presente, está do lado do futuro, portanto está destinada ao sucesso. Se necessário, você pode lhe dar um verniz de espiritualidade. É melhor ter algum tipo de inimigo para odiar – um inimigo pode ajudar um grupo a se definir em oposição. Ignore este passo e você ficará com um exército de mercenários. Você merecerá o destino que em geral aguarda esses exércitos.

Passo 2: Mantenha-os de barriga cheia. As pessoas não podem se sentir motivadas se suas necessidades materiais não forem satisfeitas. Se elas se sentirem exploradas de alguma maneira, seu egoísmo natural virá à tona e elas começarão a se desgarrar do grupo. Use uma causa – algo abstrato ou espiritual – para uni-las, mas satisfaça suas necessidades materiais. Não precisa mimá-las com pagamentos excessivos; um sentimento paternalista de que estão sendo cuidadas, de que você está pensando no conforto delas, é mais importante. Atendendo a suas necessidades materiais ficará mais fácil solicitar mais delas quando chegar a hora.

Passo 3: Lidere da linha de frente. O entusiasmo com que as pessoas aderem a uma causa inevitavelmente míngua. Uma coisa que acelera sua perda e que produz descontentamento é a sensação de que os líderes não praticam o que pregam. Desde o início, suas tropas devem ver você liderando da linha de frente, dividindo com elas os perigos e os sacrifícios, levando a causa a sério você também. Em vez de tentar empurrá-las por trás, faça-as correrem para acompanhar você.

Passo 4: Concentre seu *ch'i*. Existe uma crença chinesa em uma energia chamada *ch'i* que reside em todos os seres vivos. Todos os grupos têm seu próprio nível de *ch'i*, físico e psicológico. Um líder deve compreender esta energia e saber como manobrá-la.

O ócio tem um efeito terrível sobre o *ch'i*. Se não estão trabalhando, os soldados ficam desanimados. As dúvidas se insinuam e interesses egoístas tomam conta. Do mesmo modo, estar na defensiva, sempre esperando e reagindo ao que o inimigo oferece, também faz baixar o *ch'i*. Portanto, mantenha seus soldados ocupados, atuando com um propósito, movendo-se em uma direção. Não os faça esperar pelo próximo ataque; empurrando-os para frente você os excita e os deixa famintos de batalha. A ação agressiva concentra o *ch'i*, e *ch'i* concentrado é pleno de força latente.

Passo 5: Brinque com as emoções delas. A melhor maneira de motivar as pessoas não é através da razão, mas através das emoções. Os humanos, entretanto, são naturalmente defensivos, e se você começa apelando para suas emoções – alguma arenga histriônica – eles o verão como manipulador e se retrairão. Um apelo emocional precisa de uma estrutura: baixe as defesas deles e faça-os se unirem como um grupo, colocando-os em um show, entretendo-os, contando-lhes uma história. Agora eles têm menos controle sobre suas emoções e você pode se aproximar deles de uma forma mais direta, emocionando-os facilmente, das risadas à raiva ou ao ódio. Os mestres do gerenciamento humano têm uma noção de teatro; eles sabem quando e como atingir seus soldados no peito.

Passo 6: Misture rispidez com bondade. A chave para o gerenciamento humano é um equilíbrio entre punição e recompensa. Prêmios demais estragam seus soldados e eles acham que você não está fazendo mais do que sua obrigação; punições demais destroem o moral deles. Você precisa conseguir o equilíbrio certo. Faça de sua bondade uma coisa rara e até mesmo um comentário ocasional afetuoso ou um ato de generosidade terá um significado enorme. Ira e punição devem ser igualmente raras; em vez disso, sua severidade deve assumir padrões muito altos que poucos possam alcançar. Faça seus soldados competirem para agradá-lo. Faça-os se esforçarem para ver menos rispidez e mais bondade.

Passo 7: Crie o mito de grupo. Os exércitos com o moral mais alto são aqueles que foram testados em batalha. Soldados que lutaram uns ao lado dos outros durante muitas campanhas forjam um tipo de mito grupal baseado em suas vitórias passadas. Estar à altura da tradição e fama do grupo passa a ser uma questão de orgulho; quem não se esforça para isso se sente envergonhado. Para gerar este mito, você precisa liderar suas tropas em tantas campanhas quanto for possível.

É prudente começar com batalhas fáceis que eles possam vencer, aumentando sua confiança. Somente o sucesso ajudará a unir o grupo. Crie símbolos e slogans que se encaixem no mito. Seus soldados vão querer participar.

Passo 8: Seja implacável com os resmungões. Dê alguma liberdade de movimento aos resmungões e descontentes crônicos e eles espalharão a intranquilidade e até o pânico no grupo todo. O mais rápido possível, você deve isolá-los e se livrar deles. Todos os grupos contêm um núcleo formado por gente que está mais motivada e disciplinada do que o resto – seus melhores soldados. Reconheça-os, cultive a boa vontade deles e os coloque como exemplos. Estas pessoas servirão como lastro natural contra aqueles que estão insatisfeitos e em pânico.

>**Imagem:**
>A Maré do Oceano. Ela enche e esvazia com tanta força que nada em seu caminho pode escapar ou resistir a sua atração. Como a lua, você é a força que define a maré, que carrega tudo em sua esteira.

Autoridade: O Caminho significa induzir as pessoas a ter o mesmo objetivo da liderança, de modo que elas compartilhem a morte e compartilhem a vida, sem temer o perigo. – *Sun Tzu (século IV a.C.)*

PARTE

III

GUERRA DEFENSIVA

Lutar na defensiva não é um sinal de fraqueza, é o auge da sabedoria estratégica, um poderoso estilo de travar uma guerra. Seus requisitos são simples. Primeiro, você deve aproveitar ao máximo seus recursos, lutar com perfeita economia e envolver-se apenas em batalhas que sejam necessárias. Segundo, você precisa saber como e quando recuar, induzindo um inimigo agressivo a um ataque imprudente. Depois, esperando com paciência pelo momento de exaustão dele, lançar um contra-ataque perverso.

Em um mundo que faz cara feia para demonstrações explícitas de agressão, ser capaz de lutar na defensiva – deixar que os outros façam o primeiro movimento, depois aguardar que eles cometam seus próprios erros e, então, destruí-los – lhe dará um imenso poder. Porque você não desperdiçará energia nem tempo, estará sempre pronto para a próxima batalha inevitável. Sua carreira será longa e frutífera.

Para lutar assim, você precisa dominar a arte do blefe. Ao parecer mais fraco do que é, você pode atrair o inimigo para um ataque imprudente; se parecer mais forte do que é – talvez com um ato ocasional que seja afoito e ousado –, você pode impedir o inimigo de atacá-lo. Na guerra defensiva você está essencialmente investindo em suas fragilidades e limitações para obter o poder e a vitória.

Os quatro capítulos a seguir o instruirão nas artes básicas da guerra defensiva – economia de meios, contra-ataque, intimidação e repressão – e na arte de recuar habilmente e não oferecer resistência quando estiver sob um ataque agressivo.

8

ESCOLHA SUAS BATALHAS COM CUIDADO
A Estratégia da Economia Perfeita

Todos nós temos limitações – nossas energias e habilidades nos levam somente até certo ponto. O perigo está em tentar ultrapassar nossos limites. Seduzidos por alguma recompensa vistosa a fazer mais do que somos capazes, acabamos exaustos e vulneráveis. Você precisa conhecer seus limites e escolher suas batalhas com muito cuidado. Considere os riscos ocultos de uma guerra: perda de tempo, desperdício da boa vontade política, um inimigo irritado querendo vingança. Às vezes é melhor esperar, minar as bases de seus inimigos veladamente, em vez de agredi-los de frente. Sendo impossível evitar a batalha, faça-os lutar em seus próprios termos. Mire nas fraquezas deles; faça a luta ser cara para eles e barata para você. Lutando com perfeita economia, você sobrevive até ao mais poderoso inimigo.

Aquele a quem os antigos chamavam de especialista em batalhas conquistava a vitória onde a vitória era facilmente conquistada. Por conseguinte, a batalha de um especialista jamais é uma vitória excepcional, nem ela lhe confere a fama pela sabedoria ou crédito pela coragem. Suas vitórias em batalha são infalíveis. Infalível significa que ele age onde a vitória é certa, e conquista um inimigo que já perdeu.

A ARTE DA GUERRA, SUN TZU, SÉCULO IV A.C.

CHAVES PARA A GUERRA

A abundância nos faz ricos em sonhos, pois nos sonhos não há limites. Mas isso nos deixa pobres em realidade. Ficamos moles e decadentes, entediados com o que temos e precisando de choques constantes para nos lembrar de que estamos vivos. Na vida você tem de ser um guerreiro, e guerra requer realismo. Enquanto outros podem encontrar beleza em sonhos infindáveis, guerreiros a encontram na realidade, na consciência de limites, tirando o melhor partido do que têm. Eles procuram a perfeita economia de movimento e gestos – o modo de conferir a seus golpes a maior força com o menor esforço. A consciência que eles têm de que seus dias estão contados – de que podem morrer a qualquer instante – os mantém com os pés na realidade.

Exércitos que parecem ter superioridade em dinheiro, recursos e poder de fogo tendem a ser previsíveis. Confiando em seu equipamento, e não no conhecimento e na estratégia, eles ficam mentalmente preguiçosos. Quando surgem os problemas, a solução que encontram é acumular mais do que já têm. Mas não é o que você tem que lhe traz a vitória, é como você usa isso. Quando você tem menos, é naturalmente mais inventivo. A criatividade lhe dá uma vantagem sobre inimigos dependentes da tecnologia; você vai aprender mais, vai se adaptar melhor e será mais esperto do que eles. Incapaz de desperdiçar seus limitados recursos, você os usará bem. O tempo será seu aliado.

Se você tem menos do que seu inimigo, não se desespere. Você sempre pode inverter a situação praticando a economia perfeita.

33 ESTRATÉGIAS DE GUERRA

Se você e seu inimigo estão em igualdade de condições, apoderar-se de mais armamentos importa menos do que usar melhor o que você já tem. Se você tem mais do que seu inimigo, combater com economia é sempre importante.

Guerra é um equilíbrio de fins e meios: um general talvez tenha o melhor plano para alcançar um determinado fim, mas se não tiver os meios para realizá-lo, seu plano é inútil. Generais sábios ao longo dos tempos, portanto, aprenderam a começar examinando os meios que têm à mão e depois desenvolver sua estratégia a partir destas ferramentas.

Na próxima vez em que você lançar uma campanha, tente fazer uma experiência: não pense em seus objetivos sólidos nem em seus sonhos que gostaria que fossem realidade, e não planeje sua estratégia no papel. Em vez disso, pense profundamente no que você tem – as ferramentas e materiais com os quais estará trabalhando. Baseie-se não em sonhos e planos, mas na realidade: pense em suas próprias habilidades, em uma vantagem política que você possa ter, no moral de suas tropas, em como você pode usar criativamente os meios a sua disposição. Em seguida, a partir desse processo, deixe que seus planos e metas floresçam. Não só suas estratégias serão mais realistas, como serão mais inventivas e eficazes. Sonhar primeiro com o que você quer e depois tentar encontrar os meios para alcançá-lo é uma receita para exaustão, desperdício e derrota.

Não confunda o barato com o econômico – exércitos fracassaram tanto gastando muito pouco quanto gastando demais. Economia perfeita não significa armazenar re-

Aquiles agora desbaratou os troianos e os perseguiu em direção à cidade, mas seu curso também era fuga. Poseidon e Apolo, tendo prometido vingar as mortes de Cycnus e Troilus, e punir certas fanfarronices que Aquiles havia pronunciado sobre o cadáver de Heitor, trocaram opiniões. Ocultos pelas nuvens e de pé diante do portão Scaean, Apolo procurava Páris no auge da batalha, virou seu arco e guiou a seta fatal. Ela atingiu a única parte vulnerável do corpo de Aquiles, o calcanhar direito, e ele morreu em agonia.

THE GREEK MYTHS, VOL. 2, ROBERT GRAVES, 1955

> *Toda limitação tem seu valor, mas uma limitação que exija persistentes esforços acarreta um custo excessivo de energia. Quando, entretanto, a limitação é natural (por exemplo, a limitação que faz a água escorrer somente morro abaixo), ela necessariamente conduz ao sucesso, pois então ela significa uma economia de energia. A energia que de outro modo seria consumida em uma luta vã com o objeto aplica-se totalmente ao benefício do assunto em questão, e o sucesso está garantido.*
>
> I Ching, China, c. Século VIII a.C.

cursos. Isso não é economia, mas sovinice – mortal na guerra. Economia perfeita significa encontrar um meio-termo justo, um nível no qual seus golpes contem, mas não o deixem esgotado. Economia em excesso vai deixar você mais esgotado, pois a guerra se prolongará, seus custos aumentando, sem que você jamais consiga dar um soco de nocaute.

Várias táticas se prestam à economia no combate. Primeiro, usar a dissimulação, que custa relativamente pouco, mas pode dar ótimos resultados. A dissimulação pode ser um grande equalizador para o lado mais fraco. Sua arte inclui coleta de informações secretas, divulgação de informações erradas e uso de propaganda para tornar a guerra impopular dentro do campo inimigo.

Segundo, procurar adversários que você possa derrotar. Evite inimigos que nada têm a perder – eles se esforçarão para derrubá-lo a qualquer custo. Vitórias fáceis intensificam o moral, desenvolvem sua reputação, lhe dão motivação e, o mais importante, não lhe custam muito.

Haverá ocasiões em que seus cálculos falharão; o que parecia ser uma campanha fácil se revelará muito difícil. Nem tudo se pode prever. Não é importante apenas escolher suas batalhas com cuidado, mas você também deve saber quando aceitar suas perdas e sair de campo. Não caia nesta armadilha; saiba quando parar. Não continue guerreando por frustração ou orgulho. Muita coisa está em jogo.

Lutar com economia faz aumentar o impulso. Pense nisto como uma forma de encontrar seu nível – um equilíbrio perfeito entre o que você é capaz de fazer e o que tem para fazer. Por estranho que pareça, conhecer seus limites vai ampliá-los; tirar o maior proveito do que você tem permitirá que você tenha mais.

Imagem: O Nadador. A água oferece resistência; você só pode se mover até uma determinada velocidade. Alguns nadadores batem na água, tentando usar força para gerar velocidade – mas eles só fazem ondas, criando resistência. Outros são delicados demais, batendo as pernas tão de leve que mal se movem. Bons nadadores batem na superfície com perfeita economia, mantendo a água diante deles lisa e nivelada. Eles se movem tão rápido quanto a água lhes permite e cobrem grandes distâncias em um ritmo constante.

Autoridade: O valor de uma coisa às vezes não está no que alguém obtém com ela, mas no preço que alguém paga por ela – o que ela nos custa.
– *Friedrich Nietzsche (1844-1900)*

9

VIRE A MESA
A Estratégia do Contra-Ataque

Fazer o primeiro movimento – iniciando o ataque – com frequência o colocará em desvantagem: você está expondo sua estratégia e limitando suas opções. Em vez disso, descubra o poder de se conter e deixar que o outro lado mova-se primeiro, dando a você a flexibilidade para contra-atacar de qualquer ângulo. Se seus adversários são agressivos, atraia-os para um ataque surpresa que os deixará em uma posição fraca. Aprenda a usar a impaciência deles, a ansiedade para pegar você, como uma forma de desequilibrá-los e derrubá-los. Em momentos difíceis não se desespere ou recue: qualquer situação pode ser invertida. Se você aprender a se conter, esperando o momento certo para lançar um inesperado contra-ataque, fragilidade pode se tornar força.

Uma transição rápida e poderosa para o ataque – a espada reluzente da vingança – é o momento mais brilhante da defesa.

CARL VON CLAUSEWITZ, 1780-1831

CHAVES PARA A GUERRA

Milhares de anos atrás, no alvorecer da história militar, vários estrategistas em diferentes culturas notaram um fenômeno peculiar: na batalha, o lado que estava na defensiva com frequência vencia no final. Parecia haver várias razões para isto. Primeiro, quando o agressor partia para o ataque, ele não tinha mais surpresas em estoque – o que se defendia podia ver claramente a estratégia do outro e se proteger. Segundo, se o que estava na defensiva pudesse de algum modo devolver este ataque inicial, o agressor ficaria em uma posição fraca; seu exército ficava desorganizado e exausto. (É preciso mais energia para conquistar uma terra do que para conservá-la.) Se os que se defendiam pudessem tirar partido desta fragilidade para desfechar um contragolpe, em geral eles forçariam o agressor a recuar.

Com base nestas observações, a arte do contra-ataque foi desenvolvida. Seus princípios básicos eram deixar o inimigo fazer o primeiro movimento, atraindo-o ativamente para um ataque agressivo que gastaria sua energia e desequilibraria suas linhas e, depois, tirar vantagem da fraqueza e da desorganização dele.

O contra-ataque é, de fato, a origem da estratégia moderna. Primeiro exemplo real de uma abordagem indireta à guerra, ele representa uma grande evolução do pensamento: em vez de ser brutal e direto, o contra-ataque é sutil e enganador, usando a energia e a agressão do inimigo para provocar sua queda. Embora seja uma das mais antigas e básicas estratégias na guerra, ela continua sendo de muitas maneiras a mais eficaz e tem se mostrado altamente adaptável às condições modernas.

O princípio do contra-ataque é infinitamente aplicável a qualquer ambiente competitivo ou forma de conflito, visto estar baseado em certas verdades da natureza humana. Somos criaturas inerentemente impacientes. Achamos difícil esperar; queremos nossos desejos satisfeitos o mais rápido possível. Esta é uma tremenda fraqueza, pois significa que em qualquer situação nós, com frequência, nos envolvemos sem pensar muito bem. Ao atacarmos de frente, limitamos nossas opções e nos metemos em confusão. A paciência, por outro lado, principalmente na guerra, paga ilimitados dividendos: ela nos permite farejar oportunidades, programar o contra-ataque que irá pegar o inimigo de surpresa. A pessoa que sabe parar e esperar pelo momento certo para agir quase sempre terá uma vantagem sobre aquelas que cedem a sua natural impaciência.

Quando você aprende a ter paciência, suas opções de repente se ampliam. Em vez de se desgastar em guerrinhas, você pode economizar sua energia para o momento certo, tirar vantagem dos erros dos outros e pensar com clareza em situações difíceis. Você verá oportunidades para contra-atacar onde outros veem apenas rendição ou recuo.

A chave para o contra-ataque bem-sucedido é permanecer calmo enquanto seu adversário fica frustrado e se irrita facilmente. No Japão do século XVI, surgiu um novo modo de lutar chamado *shinkage*: o espadachim começava a lutar espelhando cada movimento de seu adversário. Espelhar pessoas – devolvendo para elas exatamente o que elas lhe dão – é um poderoso método de

> *Quando o inimigo se vê em uma situação difícil e quer nos envolver em uma batalha decisiva, espere; quando fugir é vantajoso para o inimigo, mas não para nós, espere; quando é conveniente permanecer parado e quem se mover primeiro fica em perigo, espere; quando dois inimigos se envolvem em uma luta que resultará em derrota ou morte, espere; quando as forças inimigas, embora numerosas, sofrem de desconfiança e tendem a tramar umas contra as outras, espere; quando o comandante inimigo, embora sábio, é prejudicado por alguns de seus colegas, espere.*
>
> THE WILES OF WAR: 36 MILITARY STRATEGIES FROM ANCIENT CHINA, TRADUZIDO PARA O INGLÊS POR SUN HAICHEN, 1991

A noção de "contagiante" (utsuraseru) se aplica a muitas coisas: bocejar e cochilar, por exemplo. O tempo também pode ser "contagiante". Em uma batalha em larga escala, quando o inimigo estiver inquieto e tentado a chegar a uma rápida conclusão, não preste atenção. Em vez disso, procure fingir que você está calmo, tranquilo e sem nenhuma necessidade urgente de encerrar a batalha. O inimigo então será afetado por sua atitude calma e descontraída e ficará menos atento. Quando este "contágio" ocorrer, execute rapidamente um forte ataque para derrotar o inimigo... Existe também um conceito chamado "embriagar alguém", que é semelhante à noção de "contágio".

contra-ataque. No dia a dia, o espelhamento e a passividade podem encantar as pessoas, lisonjeando-as até baixarem suas defesas e se abrirem para o ataque. Podem também irritá-las e desconcertá-las.

O contra-ataque é uma estratégia particularmente eficaz contra o que se poderia chamar de "o bárbaro" – o homem ou a mulher que são muito agressivos por natureza. Não se intimide com estes tipos; eles são, na verdade, fracos e facilmente manipulados e enganados. O truque é irritá-los bancando o fraco ou idiota, enquanto acena na frente deles a perspectiva de ganhos fáceis.

Procure a emoção que seus inimigos são menos capazes de controlar, depois traga-a para a superfície. Com um pouco de trabalho de sua parte, eles se abrirão a seu contra-ataque.

Sempre que você se encontrar na defensiva ou em dificuldades, o maior perigo é o impulso de exagerar sua reação. Você com frequência vai exagerar a força de seu inimigo, vai se ver mais fraco do que é realmente. Um princípio-chave do contra-ataque é jamais ver uma situação como sem esperanças. Por mais fortes que seus inimigos pareçam, eles têm vulnerabilidades de que você pode se aproveitar para desenvolver um contra-ataque. Sua própria fraqueza pode se tornar uma força se você jogar direito.

Um inimigo parece poderoso porque ele tem uma força ou uma vantagem particular. Talvez seja dinheiro e recursos; talvez seja o tamanho de seu exército ou de seu território; talvez, de uma forma mais sutil, seja sua moral e reputação. Seja qual for a força que ele tem, é na verdade uma fraqueza em potencial, simplesmente porque ele confia nela: neutralize-a e ele fica vulnerável. Ao neutralizar as forças de seu inimigo, você deve do mesmo modo reverter suas próprias fraquezas. Se suas forças são pequenas, por exemplo, elas são também móveis; use essa mobilidade para contra-atacar. Talvez sua reputação seja inferior à de seu adversário; isso só significa que você tem menos a perder. Jogue lama – uma parte vai grudar, e, aos poucos, seu inimigo descerá até seu nível. Sempre encontre modos de transformar sua fraqueza em vantagem.

Você pode deixar seu adversário se sentir entediado, descuidado ou desanimado. Você deveria estudar bem estas questões.
O LIVRO DOS CINCO ANÉIS, MIYAMOTO MUSASHI, 1584-1645

Imagem: O Touro. Ele é grande, seu olhar intimida e seus chifres podem furar sua carne. Atacá-lo e tentar fugir é igualmente fatal. Em vez disso, mantenha-se firme e deixe que o touro ataque sua capa, nada lhe dando para atingir, tornando seus chifres inúteis. Deixe-o irado e irritado – quanto mais furiosamente ele atacar, mais rápido ele se esgotará. Chegará um momento em que você poderá inverter o jogo e partir para o trabalho, trucidando a fera antes assustadora.

Autoridade: Toda a arte da guerra consiste de uma bem pensada e extremamente circunspecta defensiva, seguida de um rápido e audaz ataque. – *Napoleão Bonaparte (1769-1821)*

10

CRIE UMA PRESENÇA AMEAÇADORA
Estratégias de Dissuasão

A melhor maneira de combater agressores é impedi-los de atacar você primeiro. Para fazer isso você precisa criar a impressão de ser mais poderoso do que é. Construa uma reputação: você é meio maluco. Combatê-lo não vale a pena. Você leva seus inimigos junto quando perde. Crie esta impressão e a faça verossímil com alguns atos impressionantes – impressionantemente violentos. Incerteza às vezes é melhor do que ameaça declarada: se seus adversários nunca têm certeza do que vai lhes custar meter-se com você, não vão querer descobrir. Aproveite os temores e a ansiedade naturais das pessoas para fazê-las pensar duas vezes.

Se sua organização tem poucos funcionários, então faça o que Gideon fez: deixe seus funcionários no escuro, mas levante uma algazarra que faça quem ouvir acreditar que sua organização é mais numerosa do que é na realidade... Lembre-se sempre da primeira regra da tática de poder: poder não é só o que você tem, mas o que o inimigo pensa que você tem.

Rules for Radicals, Saul D. Alinsky, 1972

INTIMIDAÇÃO REVERSA

Na vida, inevitavelmente você vai se ver enfrentando pessoas que são mais agressivas do que você – gente maliciosa, desumana, que está determinada a conseguir o que quer. Combatê-las de frente em geral é tolice; lutar é o que elas sabem fazer melhor e, além disso, são inescrupulosas. Você provavelmente vai perder. Defender-se dando-lhes parte do que elas estão querendo ou então agradá-las e acalmá-las é uma receita para o desastre: você só está mostrando sua fraqueza, convidando mais ameaças e ataques. Ao ceder completamente, ao se render sem lutar, você lhes dá a vitória pela qual anseiam e fica ressentido e amargurado. Pode também se tornar um mau hábito o caminho da menor resistência ao lidar com uma situação difícil.

Em vez de tentar evitar o conflito ou ficar se queixando da injustiça de tudo isso, considere uma opção desenvolvida ao longo dos séculos por líderes militares e estrategistas para lidar com vizinhos violentos e gananciosos: a intimidação reversa. Esta arte de dissuasão baseia-se em três fatos básicos sobre guerra e natureza humana: primeiro, as pessoas tendem mais a atacá-lo se o virem como fraco ou vulnerável. Segundo, elas não podem ter certeza de que você é fraco; elas dependem dos sinais que você dá, com seu comportamento tanto passado quanto presente. Terceiro, elas estão atrás de vitórias fáceis, rápidas e sem derramamento de sangue. É por isso que atormentam os fracos e vulneráveis.

Dissuasão é apenas virar esta dinâmica ao contrário, alterando qualquer percepção de você como fraco e ingênuo e enviando a mensagem de que batalhar com você não será tão fácil como eles pensavam. Isto em geral se faz tomando uma atitude visível que confundirá os agressores e os fará pensar que se enganaram; talvez você seja mesmo vulnerável, mas eles não têm certeza. Você está disfarçando sua fraqueza e os distraindo.

Esta forma de guerra defensiva é infinitamente aplicável às batalhas da vida diária. Contentar as pessoas pode ser tão debilitante quanto lutar contra elas; dissuadi-las, assustá-las para que não ataquem você ou fiquem em seu caminho vai economizar energia e recursos valiosos. Para dissuadir agressores, você precisa ficar perito em blefes, manipulando as aparências e as percepções que eles têm de você – habilidades preciosas que podem ser aplicadas a todos os aspectos da guerra diária. E, finalmente, ao praticar a arte conforme for necessário, você vai criar para si mesmo uma reputação de alguém que é firme, alguém digno de respeito e de um pouquinho de temor.

A seguir temos cinco métodos básicos de dissuasão e intimidação reversa. Você pode usá-los todos na guerra ofensiva, mas eles são particularmente eficazes na defesa, para os momentos em que você se encontra vulnerável e atacado. Eles são extraídos das experiências e escritos dos maiores mestres na arte.

Surpreender com uma manobra ousada. A melhor maneira de esconder sua fraqueza e blefar fazendo seus inimigos desistirem do ataque é tomar uma atitude inesperada, ousada, arriscada. Talvez eles pensassem que você era vulnerável e agora você está agindo como alguém corajoso e confiante. Isto terá dois efeitos positivos: primeiro, eles tenderão a pensar

Malabarismo político é... a criação intencional de um risco reconhecível, um risco que não se pode controlar. É a tática de deliberadamente deixar que a situação fique um pouco fora de controle, só porque o fato de estar fora de controle talvez seja insuportável para o outro lado e force sua acomodação. Significa assediar e intimidar um adversário ao expô-lo a um risco compartilhado, ou dissuadi-lo mostrando que, se ele fizer um movimento contrário, poderá nos perturbar tanto que ultrapassaremos os limites, quer desejemos isso ou não, levando-o junto.

PENSANDO ESTRATEGICAMENTE, AVINASH K. DIXIT E BARRY J. NALEBUFF, 1991

Uma certa pessoa disse o seguinte: existem dois tipos de disposição, interna e externa, e a pessoa que não tem uma ou outra é inútil. É, por exemplo, como a lâmina sem uma espada, que se deve afiar bem e depois colocar em sua bainha, periodicamente retirando-a e franzindo as sobrancelhas como se fosse atacar, limpando a lâmina e em seguida recolocando-a na bainha. Quem está sempre com a espada desembainhada está habitualmente brandindo uma lâmina nua; as pessoas não se aproximarão e ele não terá aliados. Se a espada está sempre embainhada, enferruja, a lâmina perde o fio e as pessoas pensarão o mesmo de seu dono.

Hagakure: O livro do samurai, Yamamoto Tsunetomo, 1659-1720

que seu movimento está sustentado por algo real – eles não imaginarão que você possa ser tão tolo a ponto de fazer algo ousado só por efeito de demonstração. Segundo, eles começarão a ver forças e ameaças em você que não haviam imaginado.

Reverter a ameaça. Se seus inimigos o veem como alguém que pode ser empurrado de um lado para o outro, vire a mesa com um movimento repentino, por menor que seja, destinado a assustá-los. Ameace algo que eles valorizem. Atinja-os onde você sente que eles possam ser vulneráveis, e que isso machuque. Se ficarem furiosos querendo atacá-lo, recue por um momento e depois os atinja novamente quando não estiverem esperando. Mostre que você não tem medo deles e que é capaz de uma crueldade que não tinham visto em você.

Parecer imprevisível e irracional. Neste método, você faz algo sugerindo um traço levemente suicida, como se sentisse que não tem nada a perder. Você mostra que está pronto para derrubar seus inimigos junto com você, destruindo as reputações deles neste processo. (Isto é particularmente eficaz com gente que tem muita coisa a perder – pessoas poderosas com excelentes reputações.) Derrotá-lo vai sair caro e talvez signifique a autodestruição. Isto vai tornar a luta contra você muito pouco atraente. Adversários malucos são assustadores – ninguém gosta de lutar contra pessoas imprevisíveis que nada têm a perder.

Tirar proveito da paranoia natural das pessoas. Em vez de ameaçar abertamente seus adversários, você pode tomar uma atitude que seja indireta e destinada a fazê-los pensar. Isto poderia ser feito usando um intermediário para lhes enviar uma mensagem – para contar alguma história perturbadora sobre o que você é capaz de fazer. Ou talvez você "inadvertidamente" os deixe espioná-lo, só para escutarem algo que deveria lhes dar motivo para preocupações. Fazer seus inimigos pensarem que descobriram que você está tramando um contramovimento é mais eficaz do que lhes dizer isso você mesmo; faça uma ameaça e talvez tenha de cumpri-la, mas fazer com que pensem que você está trabalhando traiçoeiramente contra eles é outra história. Quanto mais velada a ameaça e a incerteza que você gera, mais a imaginação deles irá consumi-los e mais perigoso parecerá atacar você.

Criar uma reputação assustadora. Esta reputação poder ser por várias coisas: ser difícil, teimoso, violento, de uma eficiência sem piedade. Monte essa imagem ao longo dos anos e as pessoas recuarão diante de você, tratando-o com respeito e um pouco de medo. Você precisa criar sua reputação com cuidado, não deixando nenhuma incoerência. Qualquer furo neste tipo de imagem a tornará inútil.

Imagem:
O Porco-espinho.
Ele parece meio idiota
e lento, uma presa fácil, mas
quando ameaçado ou atacado,
seus espinhos se eriçam. Se tocado,
eles entram facilmente em sua pele,
e tentar extraí-los faz com que suas
extremidades em gancho entrem cada
vez mais fundo, causando ainda mais
danos. Quem lutou com um porco-espinho
aprende a jamais repetir a experiência.
Mesmo sem lutar com ele as pessoas em geral
sabem que devem evitá-lo e deixá-lo em paz.

Autoridade: Quando adversários não estão dispostos a lutar com você, é porque pensam que não é do interesse deles, ou porque você os iludiu fazendo-os pensar assim.
– *Sun Tzu (século IV a.C.)*

11

TROQUE ESPAÇO POR TEMPO
A Estratégia do não Compromisso

Recuar diante de um inimigo forte não é sinal de fraqueza, mas de força. Ao resistir à tentação de reagir a um agressor, você arruma um tempo precioso para si mesmo – tempo para se recuperar, pensar e ganhar perspectiva. Deixe seus inimigos avançarem; tempo é mais importante do que espaço. Ao se recusar a lutar, você os deixa furiosos e alimenta sua arrogância. Em breve eles vão se exigir mais do que suportam e vão começar a cometer erros. O tempo os revelará como precipitados e você como uma pessoa prudente. Às vezes você consegue mais se não fizer nada.

> *Seis na quarta posição significa: o exército recua. Sem culpa. Diante de um inimigo superior, com quem seria inútil travar uma batalha, um recuo disciplinado é o procedimento correto, porque ele salvará o exército da derrota e da desintegração. De modo algum é um sinal de coragem ou força insistir em entrar em uma luta sem esperanças sejam quais forem as circunstâncias.*
>
> I CHING, CHINA, C. SÉCULO VIII D.C.

CHAVES PARA GUERRA
O problema que todos enfrentamos na estratégia, e na vida, é que cada um de nós é único e tem uma personalidade única. Nossas circunstâncias também são únicas; nenhuma situação jamais se repete realmente. Mas quase sempre mal percebemos o que nos faz diferentes – em outras palavras, quem realmente somos.

Sua função como estrategista é simples: ver as diferenças entre você mesmo e as outras pessoas, compreender a si mesmo, seu lado e seu inimigo da melhor maneira possível, para ter uma perspectiva melhor do que está acontecendo, conhecer as coisas como elas são. No burburinho do dia a dia, isto não é fácil – na verdade, você só poderá fazer isso se souber quando e como recuar. Se você está sempre avançando, sempre atacando, sempre reagindo emocionalmente ao que as pessoas fazem, não tem tempo para ganhar perspectiva.

Quando você luta com alguém mais poderoso, perde mais do que suas posses e sua posição; você perde sua capacidade de pensar direito, de se manter à parte e distinto. Você nem pode imaginar como fica infectado com as emoções e a violência do agressor. Melhor fugir e usar o tempo que sua fuga lhe dá para se voltar para dentro. Deixe que o inimigo tome terras e avance; você vai se recuperar e virar a mesa quando chegar a hora. A decisão de recuar não mostra fraqueza, mas força. É o auge da sabedoria estratégica.

A maioria das pessoas reage à agressão envolvendo-se nela de alguma maneira. É quase impossível se conter. Desvencilhando-se totalmente e recuando, você mostra um grande poder e prudência. Seus inimigos estão desesperados, querendo que você reaja: o recuo os enfurece e provoca mais ataques. Portanto continue recuando, trocando espaço por tempo. Permaneça calmo e equilibrado. O tempo está a seu lado, pois você não está desperdiçando nem um minuto em batalhas inúteis. Tempo é tão importante quanto espaço no pensamento estratégico, e saber usá-lo fará de você um soberbo estrategista, dando uma dimensão maior a seus ataques e defesa. Desperdiçar seu tempo em batalhas que não são de sua escolha é mais do que um simples erro, é estupidez do mais alto nível. Tempo perdido não pode jamais ser recuperado.

> **Imagem:** As Areias do Deserto. No deserto não há nada para comer e nada para usar para guerra: apenas areia e espaço vazio. Recue para o deserto de vez em quando, para pensar com clareza. Ali o tempo se move lentamente, que é do que você precisa. Quando atacado, recue para o deserto, atraindo seus inimigos para um lugar onde eles perdem toda a noção de tempo e espaço e ficam sob seu controle.

Autoridade: Permanecer disciplinado e calmo enquanto espera que a desordem surja entre o inimigo é a arte do autocontrole.
– Sun Tzu (século IV a.C.)

Oportunidades estão mudando sempre. Quem chega cedo demais foi muito longe, enquanto quem chega tarde demais não consegue alcançar. Como o Sol e a Lua fazem seus cursos, o tempo não acompanha as pessoas. Portanto, sábios não valorizam joias imensas tanto quanto valorizam um pouco de tempo. Tempo é difícil de encontrar e fácil de perder.

HUAINANZI, CHINA, SÉCULO II A.C.

PARTE

IV

GUERRA OFENSIVA

Os maiores perigos na guerra, e na vida, vêm do inesperado: as pessoas não reagem como você pensou, acontecimentos atrapalham seus planos e causam confusão, circunstâncias são devastadoras. Na estratégia, esta discrepância entre o que você quer que aconteça e o que acontece chama-se "atrito". A ideia por trás da guerra ofensiva convencional é simples: ao atacar o outro lado primeiro, atingindo seus pontos de vulnerabilidade, e tomando a iniciativa e jamais desistindo dela, você cria suas próprias circunstâncias. Antes que um atrito possa surgir sorrateiramente e minar seus planos, você passa para a ofensiva e suas incansáveis manobras causam tanto atrito sobre o inimigo que ele sucumbe.

Esta é a forma de guerra praticada pelos mais bem-sucedidos capitães da história, e o segredo do sucesso deles é uma perfeita mescla de espertezao estratégica e audácia. O elemento estratégico está no planejamento: estabelecer um objetivo geral, articular meios para alcançá-lo e pensar no plano inteiro em todos os seus detalhes.

Os onze capítulos a seguir iniciarão você nesta forma suprema de guerra. Eles o ajudarão a colocar seus desejos e metas em um contexto mais amplo, conhecido como "grande estratégia". Eles lhe mostrarão como ver seus inimigos e descobrir seus segredos. Eles descreverão como uma base sólida de planejamento lhe dará opções fluidas para ataque. Finalmente, eles lhe mostrarão como encerrar sua campanha.

12

PERCA BATALHAS, MAS GANHE A GUERRA
A Grande Estratégia

Todos a sua volta são estrategistas procurando conquistar o poder, todos tentando promover seus próprios interesses, muitas vezes a suas custas. Suas batalhas diárias com eles fazem você perder de vista a única coisa que realmente importa: a vitória no final, a conquista de metas maiores, o poder duradouro. A grande estratégia é a arte de ver o que vai acontecer depois da batalha e calcular com antecedência. Ela requer que você se concentre em seu objetivo principal e planeje como alcançá-lo. Na grande estratégia você considera as ramificações políticas e as consequências a longo prazo do que faz. Em vez de reagir emocionalmente às pessoas, você assume o controle e torna suas ações mais dimensionais, sutis e eficazes. Deixe que os outros fiquem presos nas voltas e reviravoltas da batalha, curtindo suas pequenas vitórias. A grande estratégia lhe dará o maior prêmio: rir por último.

Epistemologicamente falando, a origem de todas as visões errôneas na guerra está nas tendências idealistas e mecanicistas... Pessoas com essas tendências são subjetivas e unilaterais em sua forma de abordar problemas. Elas se entregam a conversas sem fundamento e puramente subjetivas, baseando-se em um único aspecto ou manifestação temporária [e] o ampliam com similar subjetividade para todo o problema... Somente nos opondo às tendências idealistas e mecanicistas, e assumindo uma visão geral ao analisarmos a guerra, podemos tirar conclusões corretas sobre a questão da guerra.

S̲e̲l̲e̲c̲t̲e̲d̲ M̲i̲l̲i̲t̲a̲r̲y̲ W̲r̲i̲t̲i̲n̲g̲s̲, M̲a̲o̲ T̲s̲é̲-T̲u̲n̲g̲, 1893-1976

CHAVES PARA A GUERRA

Milhares de anos atrás, nós, humanos, nos elevamos acima do mundo animal e não olhamos para trás. Figurativamente falando, a chave para este avanço evolutivo foi nosso poder de visão: a linguagem e a capacidade de raciocinar que ela nos deu, deixando-nos ver melhor o mundo a nosso redor.

Em algum ponto ao longo da linha, entretanto, paramos de evoluir como criaturas racionais. Apesar de nosso progresso, existe sempre uma parte de nós que permanece animal, e essa parte animal pode responder apenas ao que é mais imediato em nosso ambiente – ela é incapaz de pensar além do momento. O dilema ainda nos afeta: os dois lados de nosso caráter, racional e animal, estão constantemente em guerra, tornando quase todas as nossas ações desajeitadas.

Mais do que nós hoje, os gregos antigos estavam próximos da passagem da raça humana de animal para racional. Para eles, nossa natureza dual nos fazia trágicos, e a origem da tragédia era a visão limitada.

Os gregos, entretanto, também reconheceram o potencial para uma possibilidade humana superior. Aqueles capazes de ver mais longe do que os outros, de controlar sua natureza animal e pensar antes de agir, eram humanos da espécie mais profundamente humana – os mais capazes de usar os poderes da razão que nos separa dos animais. Em oposição à estupidez humana (visão limitada), os gregos imaginaram uma prudência humana ideal. Seu símbolo era Ulisses, que sempre pensava antes de agir.

Esta criatura calma, desapegada, racional, que vê longe, chamada de "prudente" pelos gregos, é o que vamos chamar de "grande estrategista".

Somos todos, até certo ponto, estrategistas: queremos naturalmente ter controle sobre nossas vidas e tramamos pelo poder, consciente ou inconscientemente procurando obter o que queremos. Usamos estratégias, em outras palavras, mas elas tendem a ser lineares e reativas e muitas vezes são fracionadas e desviadas do curso por reações emocionais. Estrategistas espertos podem ir longe, mas só uns poucos não cometem erros. Se tiverem êxito, se empolgam e se excedem; se enfrentam contratempos – e contratempos são inevitáveis ao longo da vida –, ficam facilmente arrasados. O que distingue os grandes estrategistas é sua capacidade de olhar mais fundo, tanto para dentro de si mesmos como para dentro dos outros, compreender e aprender com o passado e ter uma noção clara do futuro, até onde se possa prevê-lo. Simplesmente, eles veem mais, e sua visão ampliada permite que executem planos às vezes por longos períodos de tempo.

Em um mundo onde as pessoas são cada vez mais incapazes de pensar nas consequências, são mais animais do que nunca, a prática da grande estratégia o colocará instantaneamente acima dos outros.

Ser um grande estrategista não implica anos de estudo ou uma total transformação de sua personalidade. Significa apenas utilização mais eficaz do que você tem – sua mente, sua racionalidade, sua visão. Na Antiguidade, estrategistas e historiadores, de Sun Tzu a Tucídides, tiveram consciência deste padrão autodestrutivo recorrente na guerra e começaram a inventar modos mais racionais de

> Esquecendo nossos objetivos. – *Durante a viagem, costumamos esquecer seu objetivo. Quase todas as profissões são escolhidas e iniciadas como um meio para atingir um fim, mas continuaram sendo um fim em si mesmas. Esquecer nossos objetivos é o mais frequente de todos os atos de estupidez.*
>
> FRIEDRICH NIETZSCHE, 1844-1900

lutar. O primeiro passo foi pensar além da batalha imediata. Supondo que você saísse vencedor, como isso o deixaria – em melhor ou pior situação? Para responder a esta pergunta, o lógico era pensar com antecedência a partir da terceira e da quarta batalhas, que se conectavam como elos em uma corrente. O resultado foi o conceito de campanha, no qual o estrategista define um objetivo realístico e trama antes as várias etapas para chegar até lá. Batalhas individuais são importantes apenas porque preparam as próximas até o fim; um exército pode até intencionalmente perder uma batalha como parte de um plano a longo prazo. A vitória que importa é a da campanha como um todo, e tudo está subordinado a esse objetivo.

A história militar mostra que o segredo da grande estratégia – o que a separa da estratégia simples, de fundo de quintal – é sua particular qualidade de previsão. Grandes estrategistas pensam e planejam bem mais adiante no futuro antes de agir. Nem o planejamento deles é apenas uma questão de acumular conhecimentos e informações; trata-se de olhar para o mundo com um olhar desapaixonado, pensar em termos da campanha, planejar etapas indiretas, sutis, ao longo do caminho, cujo propósito possa apenas gradualmente se tornar visível aos outros. Não só este tipo de planejamento engana e desorienta o inimigo; para o estrategista, ele tem os efeitos psicológicos de acalmar, de dar uma noção de perspectiva, de permitir a flexibilidade para mudar na hora certa sem perder de vista o objetivo básico.

A grande estratégia tem quatro postulados principais, resumidos. Quanto mais você conseguir incorporar estes princípios a seus planos, melhores serão os resultados.

Concentre-se em seu objetivo maior, seu destino. O primeiro passo para ser um grande estrategista – aquele que fará tudo mais entrar nos eixos – é começar tendo em mente um objetivo claro, detalhado, premeditado, que esteja enraizado na realidade. Costumamos imaginar que geralmente operamos com base em uma espécie de plano, que temos metas que tentamos alcançar. Mas em geral nos enganamos; o que temos não são metas, mas desejos. O que tem distinguido todos os grandes estrategistas da história, e pode distinguir você também, são metas específicas, detalhadas, focalizadas. Objetivos claros a longo prazo orientam todas as suas ações, grandes e pequenas. Decisões importantes ficam mais fáceis de tomar.

Suas metas precisam estar enraizadas na realidade. Se elas estão simplesmente além de suas possibilidades, essencialmente impossíveis de realizar, você perde a coragem e o desânimo pode rapidamente crescer até se tornar uma atitude derrotista. Por outro lado, se falta certa dimensão e grandeza a sua meta, pode ser difícil permanecer motivado. Não tenha medo de ousar.

Amplie sua perspectiva. A grande estratégia é uma função da visão, de ver mais adiante no tempo e no espaço do que o inimigo. O processo de previsão não é natural: só podemos viver no presente, que é a base para nossa consciência, e nossos desejos e experiências subjetivas reduzem nosso campo visual – elas são como uma prisão na qual habitamos. Sua

O JAVALI
E A RAPOSA

Um javali estava afiando as presas no tronco de uma árvore um dia. Uma raposa lhe perguntou por que ele fazia isto se não havia nenhum caçador ou perigo que o ameaçasse. "Faço isso por uma boa razão", ele respondeu. "Porque se eu for surpreendido de repente por um perigo, não terei tempo de afiar as minhas presas. Mas agora eu as terei prontas para cumprir seu dever."
A fábula mostra que não é bom esperar até que o perigo apareça para se preparar.

FÁBULAS, ESOPO,
SÉCULO VI A.C.

tarefa como um grande estrategista é se forçar a ampliar sua visão, a assimilar melhor o mundo a seu redor, a ver as coisas pelo que elas são e possam representar no futuro, não pelo que você gostaria que elas fossem. Todos os acontecimentos têm uma razão, uma cadeia causal de relacionamentos que fazem com que eles aconteçam; você tem de penetrar fundo nessa realidade, em vez de ver apenas a superfície das coisas. Quanto mais perto você chegar da objetividade, melhores serão suas estratégias e mais fácil o caminho até suas metas.

Você pode dar um passo nessa direção tentando sempre olhar o mundo pelos olhos das outras pessoas – inclusive, mais seguramente, os olhos de seu inimigo – antes de travar uma guerra. Seus próprios preconceitos culturais são um grande obstáculo para ver o mundo de forma objetiva.

Grandes estrategistas mantêm antenas sensíveis sintonizadas na política de qualquer situação. Política é a arte de promover e proteger seus próprios interesses. Seu comportamento no mundo tem sempre consequências políticas, visto que as pessoas a sua volta o analisarão em termos de ser benéfico ou prejudicial para elas.

Levando em conta a política, você deve conceber sua grande estratégia pensando em conquistar o apoio de outras pessoas – em criar e reforçar a base. Ser político significa compreender as pessoas – ver pelos olhos delas.

Corte as raízes. Em uma sociedade dominada pelas aparências, às vezes é difícil entender a verdadeira origem de um problema. Para elaborar uma grande estratégia contra um inimigo, você tem de conhecer o que o motiva ou de onde vem seu poder. São muitas as guerras e batalhas que se arrastam porque nenhum dos dois lados sabe como atingir as raízes do outro. Como um grande estrategista, você deve ampliar sua visão não só para longe e para os lados, mas para baixo. Pense bem, vá fundo, não aceite as aparências como realidade. Revele as raízes do problema e você poderá criar uma estratégia para cortá-las, encerrando a guerra ou o problema.

Tome o caminho indireto para sua meta.
O maior perigo que você enfrenta na estratégia é o de perder a iniciativa e se ver constantemente reagindo ao que o outro lado faz. A solução, claro, é planejar com antecedência, mas também fazer isso sutilmente – pegar o caminho indireto. Impedir seu adversário de ver o propósito de suas ações lhe dá uma enorme vantagem.

Preste sempre atenção ao primeiro passo de uma campanha. Ele define o tempo, determina a disposição de espírito do inimigo e lança você em uma direção que é melhor que seja a correta.

Sempre que alguma coisa não dá certo, é da natureza humana culpar esta ou aquela pessoa. Quando uma ação dá errado – nos negócios, na política, na vida –, busque a origem da política que a inspirou em primeiro lugar. O objetivo foi mal orientado.

Isto significa que você mesmo é, em grande parte, o agente de tudo de ruim que lhe acontece. Com mais prudência, políticas mais sensatas e visão mais ampla, você poderia ter evitado o perigo. Portanto, quando alguma coisa sair errada, olhe bem no fundo de você mesmo – não de uma forma emocional, para se acusar ou ficar curtindo seus sentimentos de culpa, mas para ter certeza de que vai iniciar sua próxima campanha com passo mais firme e enxergando melhor.

Imagem:
O Topo da Montanha. Lá embaixo, no campo de batalha, tudo é fumaça e confusão. É difícil distinguir amigo de inimigo, ver quem está vencendo, prever o que o inimigo vai fazer em seguida. O general deve subir bem acima da rixa, para o topo da montanha, onde tudo se torna mais claro e mais em foco. Ali ele pode ver mais além do campo de batalha – os movimentos das reservas, o campo inimigo, como a batalha será no futuro. Só do topo da montanha o general pode dirigir a guerra.

Autoridade: É um erro comum na guerra começar pelo lado errado, agir antes e esperar pelo desastre para discutir a questão.
– *Tucídides (entre 460 e 455 a.C. – c. 400 a.C.)*

13

CONHEÇA SEU INIMIGO
A Estratégia
da Inteligência

O alvo de sua estratégia deve ser não tanto o inimigo que você enfrenta, mas a mente da pessoa que o comanda. Se você compreende como essa mente funciona, tem a chave para iludi-la e controlá-la. Aprenda a entender as pessoas, captando os sinais que elas inconscientemente enviam sobre seus pensamentos e intenções mais íntimos. Uma fachada cordial deixará que você as observe de perto e as explore para obter informações. Cuidado para não projetar nelas suas próprias emoções e hábitos mentais; tente pensar como elas pensam. Ao encontrar a fragilidade psicológica de seus adversários, você pode trabalhar para confundir sua mente.

> *Aquele que conhece o inimigo e a si mesmo jamais, nem em cem batalhas, estará em perigo.*
> Sun Tzu,
> Século IV a.C.

> *Ira como espião.*
> *– A ira esvazia a alma e traz até seus resíduos a luz. É por isso que, não conhecendo nenhum outro modo para descobrir a verdade, devemos saber deixar nossos conhecidos, nossos adeptos e adversários com raiva, a fim de aprendermos tudo que está realmente sendo pensado e empreendido contra nós.*
> Humano,
> demasiado humano,
> Friedrich Nietzsche, 1886

CHAVES PARA A GUERRA

O maior poder a seu alcance na vida não vem de recursos ilimitados nem mesmo de uma consumada habilidade em estratégias. Vem de um claro conhecimento daqueles que estão a seu redor – da habilidade para ler as pessoas como se fossem livros. Com esse conhecimento, você distingue amigo de inimigo, afugenta as serpentes escondidas na grama.

Este tipo de conhecimento tem sido um objetivo militar desde o alvorecer da história. Por isso inventaram a arte de obter informações secretas e espionar. Mas espiões não são confiáveis; eles filtram a informação através de seus próprios preconceitos e discriminações, e como o ofício deles os coloca exatamente entre um lado e outro e os obriga a serem operadores independentes, eles são notoriamente difíceis de controlar e podem se virar contra você. Então, também, as nuances que denunciam as pessoas – o tom de voz, o olhar – ficam inevitavelmente excluídas de seus relatórios. No final, as informações do espião não significam nada se você não for perito em interpretar a psicologia e o comportamento humanos. Sem essa habilidade, você verá nas informações o que quiser ver, confirmando seus próprios preconceitos. Os líderes que melhor utilizaram o serviço secreto foram todos principalmente estudantes da natureza humana e soberbos leitores de homens. Eles aprimoraram suas habilidades observando individualmente as pessoas. Somente com essa base a utilização de espiões seria capaz de ampliar seus poderes de visão.

O primeiro passo no processo é abandonar a ideia de que as pessoas são mistérios impenetráveis e que somente com truques você poderá espiar dentro de suas almas. Se elas parecem misteriosas, é porque quase todos nós aprendemos a disfarçar nossos verdadeiros sentimentos e intenções desde criança. Se saíssemos por aí mostrando como nos sentimos e dizendo para as pessoas o que planejamos fazer, ficaríamos vulneráveis à malícia e, se sempre falássemos o que pensamos, ofenderíamos muita gente sem necessidade. Portanto, conforme crescemos, esconder uma boa parte do que pensamos passa a ser muito natural.

Esta opacidade intencional torna o jogo das informações secretas difícil, mas não impossível. Pois mesmo quando as pessoas lutam conscientemente para esconder o que lhes passa pela cabeça, inconscientemente elas querem se revelar.

Compreenda: todos os dias, as pessoas emitem sinais que revelam suas intenções e desejos mais profundos. Se não os captamos é porque não estamos prestando atenção. Você vai se surpreender com o quanto será capaz de captar sobre as pessoas se conseguir desligar seu incessante monólogo interior, esvaziar seus pensamentos e ancorar-se no momento presente.

Claro que é muito importante que as pessoas não percebam que você as está observando tão de perto. Uma fachada cordial ajudará a disfarçar o que você está fazendo. Não pergunte demais; o truque é fazer as pessoas relaxarem e se abrirem sem as sondar, seguindo-as tão silenciosamente que elas jamais adivinharão o que você pretende na realidade.

A informação é inútil se você não sabe como interpretá-la, como usá-la para distinguir aparência de realidade. Você preci-

> *Em minha opinião, existem dois tipos de olhos: um simplesmente olha para as coisas e o outro vê através delas para enxergar sua natureza interior. O primeiro não deve ser tenso [para observar o máximo possível]; o último deve ser forte [para discernir com nitidez o funcionamento da mente do adversário]. Às vezes um homem pode ler a mente de outro com os olhos. Na esgrima, é certo permitir que seus próprios olhos expressem sua vontade, mas jamais deixar que eles revelem sua mente. Esta questão deve ser considerada com cuidado e estudada com atenção.*
>
> MIYAMOTO MUSASHI, 1584-1645

Em princípio, devo afirmar que a existência de agentes secretos não deveria ser tolerada, pois tende a aumentar os perigos positivos do mal contra o qual eles são usados. Que o espião inventará suas informações é sabido. Mas na esfera da ação política e revolucionária, confiando parcialmente na violência, o espião profissional tem todos os meios para inventar ele mesmo os fatos, e espalhará o duplo mal da emulação em uma direção, e do pânico, da legislação precipitada, do ódio sem reflexão, em outra.

O AGENTE SECRETO
– EDIÇÃO BILÍNGUE,
JOSEPH CONRAD,
1857-1924

sa aprender a reconhecer os diversos tipos psicológicos. Esteja alerta, por exemplo, ao fenômeno do oposto mascarado; quando alguém surpreende com um traço particular de personalidade, esse traço pode muito bem ser um disfarce.

Em geral, é mais fácil observar as pessoas em ação, principalmente em momentos de crise. Esses são os momentos em que elas revelam suas fragilidades ou então se esforçam tanto para disfarçá-las que você vê através das máscaras que usam.

A qualidade das informações que você colhe sobre seus inimigos é mais importante do que a quantidade. Um único, mas crucial, fragmento pode ser a chave para a destruição deles.

Existem, claro, limites para a quantidade de informações secretas que você pode colher em uma observação em primeira mão. Uma rede de espiões ampliará sua visão, principalmente se você aprende a interpretar as informações que eles lhe trazem. Uma rede informal é melhor – um grupo de aliados recrutados ao longo do tempo para serem seus olhos e ouvidos. Tente fazer amizade com pessoas dentro ou próximo da fonte de informações sobre seu rival; um amigo bem colocado produzirá muito mais do que um punhado de espiões pagos.

Procure sempre espiões internos, pessoas no campo inimigo que estão insatisfeitas ou têm um interesse pessoal. Direcione-as para o que você quer e elas lhe darão informações melhores do que qualquer um que você infiltrar de fora. Contrate pessoas que o inimigo despediu – elas lhe dirão como o inimigo pensa. Um aviso: jamais confie em um só espião, uma só fonte de informações, por melhor que seja. Você corre o risco de ser enganado ou receber informações tendenciosas, unilaterais.

Muita gente deixa uma trilha de papéis com textos redigidos, entrevistas e outras coisas mais, que é tão reveladora quanto qualquer coisa que você possa saber por um espião. As pessoas revelam muito sobre si mesmas no que escrevem.

Finalmente, o inimigo com quem você está lidando não é um objeto inanimado que irá apenas reagir de um modo esperado a suas estratégias. Seus inimigos estão sempre mudando e se adaptando ao que você faz. Inovando e inventando por sua própria conta, eles tentam aprender com os erros deles e com seus sucessos. Portanto, seu conhecimento do inimigo não pode ser estático. Mantenha suas informações secretas atualizadas e não confie em que o inimigo vá reagir da mesma maneira duas vezes.

Imagem: A Sombra. Todo mundo tem uma sombra, um eu secreto, um lado escuro. Esta sombra compreende tudo que as pessoas tentam esconder do mundo – suas fraquezas, desejos secretos, intenções egoístas. Esta sombra é invisível a distância; para vê-la, você precisa se aproximar física e, acima de tudo, psicologicamente. Então ela ficará nítida. Siga de perto as pegadas de seu alvo e ele não notará o quanto de sua sombra revelou.

Autoridade: Por conseguinte, a razão pela qual o governante de visão aguçada e seu comandante superior conquistam o inimigo a cada movimento e obtêm um sucesso muito além do alcance das pessoas comuns é o fato de saberem das coisas com antecedência. Esse saber não vem de fantasmas e espíritos, não é deduzido pela comparação com acontecimentos passados ou verificado por cálculos astrológicos. Ele deve vir das pessoas – pessoas que conhecem a situação do inimigo. – *Sun Tzu (século IV a.C.)*

14

VENÇA A RESISTÊNCIA COM MOVIMENTOS VELOZES E IMPREVISÍVEIS
A Estratégia da *Blitzkrieg*

Em um mundo onde muitas pessoas são indecisas e cautelosas em excesso, o uso de velocidade vai lhe dar um poder extraordinário. Atacar primeiro, antes que seus adversários tenham tempo para pensar ou se preparar, os deixará emotivos, desequilibrados e propensos ao erro. Quando você acompanha com outra manobra rápida e repentina, induz mais pânico e confusão. Esta estratégia funciona melhor com uma encenação, uma calmaria – sua ação inesperada pega seu inimigo desprevenido. Quando atacar, bata com força implacável. Agir com velocidade e decisão vai lhe conquistar o respeito, o temor e um ímpeto irresistível.

CHEN/O QUE
DESPERTA
(CHOQUE,
TROVÃO)
O hexagrama Chen representa o filho mais velho, que governa com energia e poder. Uma linha yang surge sob duas linhas yin e pressiona com força para cima. Este movimento é tão violento que inspira terror. É simbolizado pelo trovão, que explode na terra e com seu choque causa temor e estremecimento.

O CHOQUE DO JULGAMENTO traz sucesso. O choque vem – oh, oh! Palavras risonhas – há, há! O choque aterroriza a centenas de quilômetros...

I CHING, CHINA, C. SÉCULO VIII A.C.

CHAVES PARA A GUERRA

Em maio de 1940, o exército alemão invadiu a França e os Países Baixos usando um novo estilo de guerrear: a *blitzkrieg*. Avançando com incrível velocidade, os alemães coordenaram tanques e aviões em um ataque que culminou em uma das mais rápidas e devastadoras vitórias da história militar. O sucesso da *blitzkrieg* foi em grande parte devido à defesa rígida, estática dos Aliados. Quando os alemães furaram sua defesa, os Aliados não foram capazes de se adaptar ou reagir a tempo.

Agora, mais do que nunca, nos vemos lidando com pessoas que são defensivas e cautelosas, que iniciam qualquer movimento a partir de uma posição estática. A razão é simples: o ritmo de vida moderno está cada vez mais veloz, repleto de distrações, incômodos e interrupções. Para muita gente, a reação natural é recuar para dentro de si mesma, erguer muros psicológicos contra as duras realidades da vida moderna.

A guerra no estilo *blitzkrieg*, adaptada para o combate diário, é a estratégia perfeita para estes tempos. Enquanto aqueles a seu redor permanecem na defensiva e imobilizados, você os surpreende com ação súbita e decisiva, forçando-os a agir antes de estarem prontos. Eles não podem reagir, como de costume, sendo alusivos ou precavidos. É bem provável que fiquem emotivos e reajam com imprudência. Você furou suas defesas e, se mantiver a pressão e atacá-los de novo com algo inesperado, você os colocará em uma espécie de espiral psicológica descendente, forçando-os a errar, o que aumenta ainda mais a confusão deles, e assim o círculo continua.

33 ESTRATÉGIAS DE GUERRA

Ao lançar uma *blitzkrieg*, você deve começar encontrando o ponto fraco do inimigo. Iniciando a ação por onde houver menos resistência, você será capaz de desenvolver um impulso crucial. Velocidade não é só uma poderosa ferramenta para usar contra um inimigo, ela pode também ter uma influência positiva estimulante sobre aqueles que estão a seu lado. A velocidade cria uma sensação de vitalidade. Com a rapidez, você e seu exército têm menos tempo para errar. Ela cria também um efeito de contágio: mais e mais pessoas admirando sua ousadia resolverão juntar forças com você.

Imagem: A Tempestade. O céu fica parado e tranquilo, uma calmaria se estabelece, pacífica e confortante. Então, do nada, estoura um relâmpago, começa a ventania... e o céu explode. É o inesperado da tempestade que tanto assusta.

Autoridade: Você deve ser lento na deliberação e rápido na execução. – *Napoleão Bonaparte (1769-1821)*

A guerra é de tal modo que a suprema consideração é a velocidade. Isto significa tirar vantagem do que está fora do alcance do inimigo, ir por caminhos onde ele menos o espera, e atacar onde ele não está preparado.

SUN TZU, SÉCULO IV A.C.

Veni, vidi, vici. (Vim, vi e venci).

JÚLIO CÉSAR,
100-44 A.C.

15

CONTROLE A DINÂMICA
Forçando Estratégias

As pessoas estão constantemente lutando para controlar você – fazer você agir segundo o que interessa a elas, mantendo a dinâmica nos termos delas. A única maneira de se impor é tornar seu jogo pelo controle mais inteligente e insidioso. Em vez de tentar dominar todos os movimentos do adversário, trabalhe para definir a natureza do relacionamento em si. Transfira o conflito para o terreno de sua escolha, alterando ritmo e riscos segundo sua conveniência. Manobre para controlar a mente de seus adversários, mexendo com suas emoções e forçando-os a cometer erros. Se necessário, deixe que sintam que estão no controle para que baixem a guarda. Se você controlar a direção e a estrutura geral da batalha, o que eles fizerem será a seu favor.

"Pressionar o travesseiro" refere-se aos esforços de alguém para não deixar a cabeça de seu adversário se levantar. Em batalhas baseadas em estratégias marciais, é tabu deixar que seu adversário tome a iniciativa, colocando-se, por conseguinte, na defensiva. Você deve tentar a qualquer custo liderar seu adversário assumindo total controle sobre ele. Durante o combate, seu adversário pretende dominar você tanto quanto você quer dominá-lo, portanto é vital que você capte as intenções e as táticas dele de modo a controlá-lo... Segundo o princípio da tática marcial, você deve ser capaz de controlar seu adversário, ou adversários, sempre. Estude bem este assunto.

O LIVRO DOS CINCO ANÉIS,
MIYAMOTO MUSASHI,
1584-1645

A ARTE DO CONTROLE ABSOLUTO

Controle é um problema em todos os relacionamentos. É da natureza humana abominar os sentimentos de impotência e lutar pelo poder. Sempre que duas pessoas ou grupos interagem, existe uma constante manobra entre eles para definir o relacionamento, para determinar quem tem o controle sobre isto ou aquilo. Esta guerra de vontades é inevitável. Sua função como estrategista é dupla. Primeiro, reconhecer a luta pelo controle em todos os aspectos da vida, e jamais se deixar convencer por quem diz não estar interessado em controlar. Quase sempre estes tipos são os mais manipuladores de todos. Segundo, dominar a arte de movimentar o outro lado como peças em um tabuleiro de xadrez, com propósito e direção. Esta arte foi cultivada pelos generais e estrategistas militares mais criativos em todas as épocas.

Guerra é, acima de tudo, uma luta para se saber quem é capaz de controlar melhor as ações do outro lado. Gênios militares como Aníbal, Napoleão e Erwin Rommel descobriram que a melhor maneira de conquistar o controle é determinar o ritmo, a direção e a forma geral da guerra em si. Isto significa fazer os inimigos lutarem em seu tempo, atraindo-os para um terreno com o qual não estejam familiarizados e que seja adequado para você, favorecendo seus pontos fortes. E, principalmente, significa ganhar influência sobre o estado de espírito de seus adversários, adaptando suas manobras às fragilidades psicológicas deles.

O estrategista superior compreende que é impossível controlar exatamente como um inimigo vai reagir a este ou aquele movimento. Tentar fazer isso só vai gerar frustrações e esgotamento. Há coisas demais na vida e na guerra que são imprevisíveis. Mas se o estrategista sabe controlar o humor e o estado mental de seus inimigos, não importa exatamente como eles reagirão a suas manobras. Se pode assustá-los, deixá-los em pânico, agressivos e irados, ele controla o objetivo mais amplo de suas ações e pode fazê-los cair em uma armadilha mentalmente, antes de os encurralar fisicamente.

O controle pode ser agressivo ou passivo. Pode ser um avanço imediato sobre o inimigo, fazendo-o recuar e perder a iniciativa. Pode ser bancando o desentendido, fazendo o inimigo baixar a guarda ou atraindo-o para um ataque de surpresa. O artista do controle tece essas duas atitudes em um padrão devastador – atacar, recuar, atrair, dominar.

Esta arte é infinitamente aplicável às batalhas do dia a dia. Muita gente tende a fazer jogos inconscientes de dominação ou é flagrada tentando controlar todos os movimentos de uma outra pessoa. Ao tentar administrar e determinar demais, elas se esgotam, cometem erros, afastam os outros e acabam perdendo o controle da situação. Se você compreende e domina a arte, instantaneamente se torna mais criativo em sua abordagem para influenciar e controlar o outro lado. Ao determinar o estado de espírito das pessoas, o ritmo segundo o qual elas devem se mover, os riscos envolvidos, você descobre que quase tudo que as pessoas fazem em reação a suas manobras se encaixará na dinâmica geral que você estruturou. Elas podem saber que estão sendo controladas, mas estão impotentes para lutar contra isso ou talvez se

Em resumo, penso como Frederico [o Grande], deve-se sempre ser o primeiro a atacar.

NAPOLEÃO
BONAPARTE,
1769-1821

movam na direção que você deseja sem perceberem. Esse é o controle absoluto.

A seguir temos os quatro princípios básicos da arte:

Mantê-los na expectativa. Antes que o inimigo faça um movimento, antes que o acaso ou as ações inesperadas de seus adversários possam arruinar seus planos, você faz um movimento agressivo para tomar a iniciativa. Você então mantém uma pressão implacável, explorando ao máximo esta momentânea vantagem. Você não espera que surjam oportunidades; você as faz acontecer. Se você é o lado mais fraco, isto com frequência mais do que nivela a quadra. Manter seus inimigos na defensiva e no modo de reação terá um efeito desmoralizador sobre eles.

Transferir o campo de batalha. É natural que o inimigo queira lutar contra você em um terreno familiar. Terreno neste sentido quer dizer todos os detalhes da batalha – a hora e o lugar, o motivo exatamente da luta, quem está envolvido nela e daí por diante. Ao transferir com sutileza seus inimigos para lugares e situações com os quais não estão familiarizados, seus adversários se verão lutando nos termos definidos por você.

Forçar erros. Seus inimigos dependem de executar uma estratégia que os favoreça, que tenha funcionado no passado. Compete a você uma dupla tarefa: combater de modo que eles não possam usar a força e a estratégia deles e criar um nível tal de frustração que eles cometam erros no processo. Você não lhes dá tempo para fazer nada; você joga com as fragilidades emocionais deles, irritando-os ao máximo; você os atrai para armadilhas mortais. Não é tanto o que você faz, mas os erros que eles cometem que lhe dão o controle.

Assumir o controle passivo. A melhor forma de dominação é fazer os adversários pensarem que eles é que estão no controle. Acreditando estarem no comando, é menos provável que resistam ou fiquem na defensiva. Você cria esta impressão movendo-se com a energia do outro lado, dando terreno, mas lenta e sutilmente desviando-os para onde você quer. Costuma ser a melhor maneira de controlar os que são agressivos demais e os passivo-agressivos.

Dado o mesmo grau de inteligência, a timidez é mil vezes mais prejudicial na guerra do que a audácia.
CARL VON CLAUSEWITZ, 1780-1831

Imagem: O Lutador de Boxe. O excelente lutador não confia em seu soco poderoso ou rápidos reflexos. Pelo contrário, ele cria o ritmo que lhe convém para a luta, avançando e recuando no passo que ele define; ele controla o ringue, movendo seu adversário para o centro, para as cordas, aproximando-o e afastando-o de si mesmo. Dono do tempo e do espaço, ele gera frustração, força erros e produz um colapso mental que precede o físico. Ele vence não com os punhos, mas com o controle do ringue.

Autoridade: Para ter descanso, é necessário manter o inimigo ocupado. Isto o coloca outra vez na defensiva e, nessa posição, não pode se erguer de novo durante toda a campanha. – *Frederico, o Grande (1712-86)*

16

ATINJA-OS ONDE DÓI
A Estratégia
do Centro de Gravidade

Todo mundo tem uma fonte de poder da qual depende. Ao olhar para seus rivais, procure sob a superfície essa fonte, o centro de gravidade que mantém unida toda a estrutura. O centro pode ser a riqueza deles, sua popularidade, uma posição-chave, uma estratégia de sucesso. Atingi-los ali causará uma dor imensa. Descubra aquilo que o adversário trata com mais carinho e protege – é ali que você deve atacar.

O terceiro shogun Iemitsu gostava muito de competições de esgrima. Certa vez, quando havia combinado ver alguns de seus mais importantes espadachins exibirem suas habilidades, ele notou entre as pessoas reunidas um mestre cavaleiro chamado Suwa Bunkuro e, em um impulso, convidou-o a participar. Bunkuro respondeu dizendo que gostaria muito se pudesse lutar montado a cavalo, acrescentando que assim ele poderia derrotar qualquer um. Iemitsu ficou encantado em insistir com os espadachins para lutarem com Bunkuro no estilo que ele preferisse. Conforme se revelou, Bunkuro estava certo em sua bazófia. Brandir uma espada sobre um cavalo empinado não era algo com que muitos espadachins estivessem acostumados,

CHAVES PARA A GUERRA

É natural na guerra concentrar-se no aspecto físico do conflito – corpos, equipamento, material. Até um estrategista esclarecido tenderá a olhar primeiro para o exército, o poder de fogo, a mobilidade e as reservas do inimigo. Guerra é uma questão visceral, emocional, uma arena de perigos físicos, e é preciso muito esforço para alçar-se acima deste nível e fazer perguntas diferentes: O que faz o inimigo se mover? O que lhe dá impulso e resistência? Qual é a fonte subjacente de sua força?

É da natureza do poder apresentar uma fachada vigorosa, parecer ameaçador e intimidante, forte e decisivo. Mas esta demonstração externa é, com frequência, exagerada ou mesmo totalmente ilusória, visto que o poder não ousa mostrar suas fragilidades. E sob a aparência está a sustentação sobre a qual o poder se apoia.

Atacar este centro de gravidade, neutralizá-lo ou destruí-lo é a estratégia fundamental na guerra, pois sem ela toda a estrutura entrará em colapso. O inimigo pode ter grandes generais e exércitos fortes, como Aníbal e seu invencível exército na Itália, mas sem um centro de gravidade eles não podem se mover e não têm força ou coerência. Atingir o centro terá efeitos psicológicos devastadores, desequilibrando o inimigo e induzindo a um pânico de dar calafrios. Se generais convencionais olham para o aspecto físico do exército inimigo, focalizando suas fragilidades e tentando explorá-las, estrategistas superiores olham mais além, para o sistema de sustentação. O centro de gravidade do inimigo é onde uma ferida doerá mais, o ponto onde ele é mais vulnerável. Atingi-lo ali é a melhor maneira de encerrar um conflito definitiva e economicamente.

Para encontrar o centro de gravidade do grupo, você deve compreender sua estrutura e a cultura na qual ela opera. Se seus inimigos são indivíduos, você deve compreender sua psicologia, o que os emociona, a estrutura de seu pensamento e suas prioridades.

Quanto mais centralizado o inimigo, mais devastador se torna um golpe dirigido a seu líder ou a uma organização do governo. Um inimigo mais descentralizado terá vários centros distintos de gravidade. O segredo aqui é desorganizá-los interrompendo a comunicação entre eles. Se as partes não podem se comunicar com o todo, dá-se o caos.

Em qualquer interação com outras pessoas, você precisa aprender a se concentrar em seus pontos fortes, na origem do poder que elas têm, seja lá o que for que lhes dê seu mais crucial apoio. Esse conhecimento lhe dará muitas opções de estratégia, muitos ângulos de onde atacar, sutilmente ou não, minando as forças dos adversários em vez de atingi-los diretamente. Você não pode criar uma sensação maior de pânico em seus inimigos do que essa de ser incapaz de usar suas forças.

e Bunkuro facilmente derrotou todos que ousaram enfrentá-lo a cavalo. Um tanto exasperado, Iemitsu disse a Munenori para tentar. Embora espectador nesta ocasião, Munenori concordou na hora e montou em um cavalo. Conforme seu cavalo trotava na direção do de Bunkuro, Munenori de repente parou o animal e fustigou o focinho do cavalo de Bunkuro com sua espada de madeira. O cavalo de Bunkuro empinou, e enquanto o famoso cavaleiro tentava recuperar o equilíbrio, Munenori o derrubou.

THE SWORD AND THE MIND, TRADUZIDO PARA O INGLÊS POR HIROAKI SATO, 1985

O homem depende de sua garganta para respirar bem e continuar vivo. Quando sua garganta é estrangulada, seus cinco órgãos dos sentidos perdem a sensibilidade e não funcionam mais normalmente. Ele não conseguirá esticar seus membros, que ficarão dormentes e paralisados. O homem, portanto, raramente consegue sobreviver. Por conseguinte, quando as bandeiras do inimigo se tornam visíveis e o soar dos tambores da batalha se fazem ouvir, devemos primeiro nos assegurar das posições de suas costas e garganta. Em seguida, podemos atacá-lo pelas costas e estrangular sua garganta. Esta é uma excelente estratégia para esmagar o inimigo.

THE WILES OF WAR: 36 MILITARY STRATEGIES FROM ANCIENT CHINA, TRADUZIDO PARA O INGLÊS POR SUN HAICHEN, 1991

Imagem: O Muro. Seus adversários estão atrás de um muro, que os protege de estranhos e intrusos. Não dê cabeçadas no muro nem levante contra ele um cerco; encontre os pilares e apoios que o fazem ficar de pé e lhe dão força. Cave sob o muro, minando suas fundações até que ele caia sozinho.

Autoridade: O primeiro princípio é que se deve procurar a essência da força do inimigo no menor número possível de fontes e, teoricamente, em uma só. O ataque a estas fontes deve-se reduzir ao menor número possível de ações... Na busca constante deste centro de poder, ao ousar tudo para conquistar todos, derrota-se o inimigo.
– *Carl von Clausewitz, Da Guerra (1780-1831)*

17

DERROTE-OS EM DETALHES
A Estratégia do Dividir-e-Conquistar

Nunca se intimide com a aparência de seu inimigo. Em vez disso, examine as partes que compõem o todo. Ao separá-las, semeando divergência e divisão, você pode enfraquecer e derrubar até o inimigo mais formidável. Ao armar seu ataque, trabalhe na mente dele para criar conflito interno. Procure os elos e as articulações, aquilo que conecta as pessoas em um grupo ou um grupo ao outro. Divisão significa fragilidade, e as articulações são a parte mais fraca de qualquer estrutura. Ao enfrentar aborrecimentos ou inimigos, divida um grande problema em partes pequenas, eminentemente derrotáveis.

OS TRÊS BOIS E O LEÃO

Havia três bois que sempre pastavam juntos. O leão tinha suas intenções com relação a eles e queria comê-los, mas não conseguia chegar perto porque estavam sempre unidos. Então ele os colocou uns contra os outros com conversas caluniadoras e conseguiu separá-los. Assim, os bois ficaram isolados e o leão conseguiu comê-los um por um.

Fábulas, Esopo,
Século VI a.C.

CHAVES PARA A GUERRA

Escondido à espreita lá no fundo até dos mais civilizados está o mesmo medo básico de estar sozinho, sem apoio, e exposto ao perigo. As pessoas hoje estão mais dispersas e a sociedade está menos coesa do que nunca, mas isso só aumenta nossa necessidade de pertencer a um grupo, de ter uma forte rede de aliados – de se sentir apoiado e protegido de todos os lados. Tire esse sentimento e voltamos àquela sensação primitiva de terror por nossa própria vulnerabilidade. A estratégia de dividir-e-isolar nunca foi tão eficaz quanto é hoje: separe as pessoas do grupo delas – faça com que se sintam alienadas, sozinhas e desprotegidas – e você as enfraquece imensamente. Esse momento de fraqueza dá a você um grande poder para deixá-las encurraladas, seja para seduzir ou induzir pânico e desistência.

Antes de se lançar em um ataque direto sobre seus inimigos, é sempre sensato primeiro enfraquecê-los criando o máximo possível de divisão em suas fileiras. Um bom lugar para enfiar uma cunha é entre a liderança e o povo, sejam soldados ou cidadãos; líderes funcionam mal quando perdem apoio da população.

Dividir e governar é uma estratégia poderosa para dirigir qualquer grupo. Ela se baseia em um princípio-chave: dentro de qualquer organização, as pessoas naturalmente formam grupos menores baseados em interesses egoístas mútuos – o desejo primitivo de encontrar força em números. Estes subgrupos formam bases de poder que, deixadas sem controle, vão ameaçar a organização como um todo. A formação de partidos e facções pode ser a maior ameaça para um líder, pois com o tempo estas facções naturalmente trabalharão para garantir seus próprios interesses em detrimento dos do grupo maior. A solução é dividir para governar. Para isso você precisa primeiro se estabelecer como o centro de poder; os indivíduos devem saber que precisam competir por sua aprovação. Deve ser mais vantajoso agradar o líder do que tentar formar uma base de poder dentro do grupo.

Pense nas pessoas de seu grupo, que estão basicamente trabalhando em prol de seus próprios interesses, como insurgentes. Elas prosperam no descontentamento dentro da organização, atiçando a dissensão e o faccionalismo. Você sempre pode trabalhar para dividir essas facções se souber da existência delas, mas a melhor solução é manter seus soldados satisfeitos e contentes, sem dar aos insurgentes algo com que se alimentar. Amargos e isolados, eles morrerão sozinhos.

O mais importante é se mover rápido contra seus inimigos, como os atenienses fizeram em Maratona. Esperar que os problemas cheguem até você só serve para multiplicá-los e lhes dar um impulso mortal.

Todo reino dividido contra si mesmo acaba em ruínas, e uma casa cai sobre outra. Ora, se até mesmo Satanás estiver dividido contra si mesmo, como subsistirá seu reinado?

LUCAS 11:17,18

Imagem: O Nó. É grande, desesperadoramente emaranhado e, pelo visto, impossível de desfazer. O nó consiste de milhares de nós menores, todos enroscados e interligados. Deixe o tempo passar e o nó só piora. Em vez de tentar desfazê-lo por este ou aquele lado, pegue sua espada e corte-o pela metade com um só golpe. Uma vez dividido, ele se desfaz por si só.

Autoridade: Na Antiguidade, aqueles que eram citados como excelentes no manejo do exército eram capazes de impedir as forças avançadas e de retaguarda do inimigo de se conectarem; os muitos e os poucos de dependerem uns dos outros; os nobres e os inferiores de virem em socorro uns dos outros; os escalões de nível superior e inferior de confiarem uns nos outros; as tropas a serem separadas, incapazes de se reunirem, ou, quando reunidas, de não serem bem ordenadas. – *Sun Tzu (século IV a.C.)*

18

EXPONHA E ATAQUE O LADO FRÁGIL DE SEUS ADVERSÁRIOS
A Estratégia Crucial

Quando você ataca as pessoas diretamente, enrijece a resistência delas e dificulta muito sua tarefa. Há um jeito melhor: distrair a atenção de seus adversários para a frente de batalha, em seguida atacá-los pela lateral, por onde menos esperam. Ao atingi-los ali onde eles estão frágeis, sensíveis e desprotegidos, você cria um choque, um momento de fraqueza que pode explorar. Atraia as pessoas para uma situação difícil, expondo seus pontos fracos, em seguida atire pela lateral. A única maneira de adversários teimosos mudarem de posição é abordando-os indiretamente.

Sua gentileza forçará mais do que sua força nos fará gentis.

Como gostais,
William
Shakespeare,
1564-1616

O Livro das mutações (I Ching) é com frequência considerado a apoteose da adaptação, da flexibilidade oriental. Neste livro o tema recorrente é o de se observar a vida e se misturar em seu fluxo a fim de sobreviver e se desenvolver. Com efeito, o tema desta obra é que tudo que existe pode ser fonte de conflitos, de perigos e, basicamente, de violência, se contraposto de um ângulo errado ou do modo errado – isto é, se confrontado diretamente no auge de sua força, visto que esta abordagem torna o confronto potencialmente devastador.

CHAVES PARA A GUERRA

Quem conquista o verdadeiro poder no difícil mundo moderno são aqueles que aprenderam a ser indiretos. Eles sabem o que vale aproximar-se por um ângulo, disfarçar suas intenções, baixar a resistência do inimigo, acertar no flanco exposto, frágil, em vez de bater de cabeça. Em vez de tentar intimidar as pessoas, eles o convencem a virar na direção que desejam. Isto exige esforço, mas rende dividendos no longo prazo com menos conflitos e melhores resultados.

Jamais revele suas intenções ou objetivos; pelo contrário, use o charme, a conversa agradável, o humor, elogios – o que funcionar – para prender a atenção das pessoas na frente de combate. Com o foco em outro lugar, o flanco fica exposto, e agora, quando você insinuar alguma coisa ou sugerir mudanças sutis de direção, os portões estarão abertos e as paredes derrubadas. Elas estão desarmadas e fáceis de manobrar.

Pense no ego e na vaidade das pessoas como uma espécie de frente de combate. Quando elas o atacam e você não sabe por quê, em geral é porque você, sem perceber, ameaçou seu ego, sua noção de importância no mundo. Sempre que possível, você deve trabalhar para fazer as pessoas se sentirem seguras a respeito de si mesmas. De novo, use o que funcionar: elogios sutis, um presente, uma promoção inesperada, uma proposta de aliança, uma apresentação de vocês dois como iguais, um espelhamento das ideias e valores delas. Todas estas coisas farão com que se sintam ancoradas na posição frontal que ocupam com relação ao mundo, baixando suas defesas e fazendo com que gostem de você. Seguras e confortáveis, elas agora estão prontas para uma manobra pelo flanco. Isto é particularmente devastador com um alvo cujo ego seja delicado.

Um jeito comum de usar a manobra pelo flanco na guerra é fazer seus inimigos se exporem em um ponto fraco. Isto significa manobrá-los para não saírem do lugar ou atraí-los para avançarem de tal modo que sua frente fique estreita e seus flancos, longos – um delicioso alvo para um ataque lateral.

Quando as pessoas apresentam suas ideias e argumentos, com frequência se censuram, tentando parecer mais conciliadoras e flexíveis do que na verdade são. Se você as atacar diretamente pela frente, acaba não indo muito longe, porque não há muito o que mirar ali. Em vez disso, tente fazê-las ir mais adiante com suas ideias, dando-lhe um alvo maior. Faça isso sem tomar partido, parecendo concordar com tudo e atraindo-as para se moverem precipitadamente para frente. Elas vão se expor em um ponto fraco, apresentando um argumento indefensável ou posição que as fará parecer ridículas. O segredo é nunca atacar cedo demais. Dar tempo para os adversários se enforcarem.

Em um mundo político, as pessoas dependem de suas posições sociais. Elas precisam do apoio do maior número de fontes possível. Essa sustentação, a base do poder da maioria das pessoas, apresenta um rico flanco para expor e atacar. Um ataque pelo flanco ao status social e à reputação de alguém vai fazer com que essa pessoa se vire para enfrentar a ameaça, dando a você amplo espaço para manobrar o adversário em outras direções. Quanto mais sutis e indiretas suas manobras

Como prova do que digo, pode-se lidar com qualquer e toda ocorrência pelo ângulo correto e da maneira adequada – isto é, em sua fonte, antes que possa desenvolver a plena potência, ou pelas laterais (os "flancos de um tigre" vulneráveis).

SEGREDOS DOS SAMURAIS,
OSCAR RATTI E
ADELE WESTBROOK,
1973

na vida, melhor. A evolução, por excelência, da estratégia é no sentido de cada vez mais falta de direção. O adversário que não pode ver para onde você vai está em séria desvantagem. Quanto mais ângulos você usar, mais difícil será para seus adversários se defenderem.

Imagem: A Lagosta. A criatura parece intimidante e impenetrável, com suas presas afiadas, sua casca dura protetora, sua poderosa cauda afastando-a do perigo. Lide com ela diretamente e você pagará o preço. Mas vire-a ao contrário com uma vareta, para revelar seu lado inferior macio, e a criatura se torna impotente.

Autoridade: É virando o inimigo, atacando seu flanco, que se vencem as batalhas. – *Napoleão Bonaparte (1769-1821)*

19

CERQUE O INIMIGO
A Estratégia
da Aniquilação

As pessoas usarão qualquer tipo de brecha em suas defesas para atacar você. Então não as ofereça. O segredo é cercar seus adversários – criar implacável pressão sobre eles de todos os lados, dominar sua atenção e fechar o acesso ao mundo exterior. Ataque de forma imprevisível para criar uma sensação diáfana de vulnerabilidade. Finalmente, ao sentir que estão ficando indecisos, esmague sua força de vontade apertando o laço. O melhor envolvimento é o psicológico – você cercou suas mentes.

Você deve fazer seu adversário reconhecer a derrota do fundo de seu coração.

Miyamoto Musashi (1584-1645)

CHAVES PARA A GUERRA

Milhares de anos atrás, nós, humanos, levávamos uma vida nômade, vagando por desertos e planícies, caçando e colhendo. Depois, passamos a viver em povoados e a cultivar nossa comida. A mudança nos trouxe conforto e controle, mas nosso espírito, em parte, permanece nômade: não podemos deixar de associar o espaço para andar de um lado para outro com uma sensação de liberdade. Ao longo dos séculos, este reflexo tornou-se mais psicológico: o sentimento de termos opções em uma determinada situação, um futuro com perspectivas, traduz-se em algo como a sensação de espaço aberto. Nossas mentes se alimentam da sensação de que existem possibilidade e espaço estratégico para manobra.

Ao contrário, a sensação de cerco psicológico é profundamente perturbadora para nós, muitas vezes nos fazendo reagir com exagero. Quando alguém ou alguma coisa nos cerca – reduzindo nossas opções, assediando-nos de todos os lados –, perdemos o controle de nossas emoções e cometemos os tipos de erro que tornam a situação ainda mais desesperadora.

As batalhas do dia a dia ocorrem não em um mapa, mas em uma espécie de espaço abstrato definido pela capacidade da pessoa de manobrar, agir contra você, limitar seu poder e reduzir seu tempo para reagir. Dê a seus adversários lugar neste espaço abstrato ou psicológico e eles o explorarão, não importa o quanto você é poderoso ou suas estratégias, brilhantes, portanto, faça com que eles se sintam cercados. Reduza as possibilidades de ação deles e feche suas rotas de fuga. Assim como os habitantes de uma cidade cercada

33 ESTRATÉGIAS DE GUERRA

podem aos poucos perder a cabeça, seus adversários ficarão enlouquecidos com a falta de espaço para manobrarem contra você.

Para cercar seus inimigos, você deve usar o que tiver em abundância. Se você tem um grande exército, use-o para criar a aparência de que suas forças estão por toda a parte, uma pressão envolvente. Lembre-se: o poder do cerco é basicamente psicológico. Fazer o adversário *sentir-se* vulnerável a ataques de muitos lados é tão bom quanto cercá-los fisicamente.

Uns poucos golpes na hora certa para fazer seus inimigos se sentirem vulneráveis de múltiplas maneiras e em múltiplas direções farão o mesmo por você. Com frequência, na verdade, menos é mais neste caso; golpes em demasia lhe darão uma forma e uma personalidade – algo a que o outro pode reagir desenvolvendo uma estratégia de combate. Em vez disso, pareça vaporoso. Faça suas manobras serem impossíveis de prever. Seu cerco psicológico será ainda mais sinistro e completo.

Os melhores cercos são aqueles que se alimentam das vulnerabilidades inerentes ao inimigo, as que já existiam antes. Atenção, portanto, aos sinais de arrogância, imprudência ou outras fragilidades psicológicas. Alimente os temores dos paranoicos e eles começarão a imaginar ataques nos quais você ainda nem pensou; seus cérebros fervilhantes farão uma boa parte do cerco por você.

Os impetuosos, violentos e arrogantes são muito fáceis de atrair para as armadilhas das estratégias de envolvimento: banque o fraco ou bobo e eles atacarão sem pensar para onde estão indo. Mas qualquer fragilidade emocional da parte do adversário, qualquer

ESTRATÉGIA 19 | *121*

grande desejo ou vontade não realizada podem ser usados como ingrediente para o cerco. Ao atrair seus inimigos para uma armadilha desse tipo, tente sempre fazer com que se sintam como se estivessem no controle da situação. Eles avançarão até onde você quiser. Finalmente, não trabalhe apenas para envolver as forças de seus adversários ou suas emoções imediatas, mas, sim, para envolver toda a estratégia deles – na verdade, toda sua estrutura conceitual. Esta forma máxima de envolvimento implica estudar primeiro as partes rígidas, previsíveis, da estratégia de seus adversários, depois traçar uma nova estratégia própria, sua, e que extrapole a experiência deles. Este tipo de incompatibilidade estratégica pode levar à vitória não apenas em uma determinada batalha, mas em campanhas em larga escala – o objetivo máximo de qualquer forma de guerra.

Imagem:
O Laço. Uma vez dado, não há como fugir, não há esperanças. À simples ideia de estar preso nele, o inimigo ficará desesperado e lutará. Seus esforços frenéticos para escapar só apressam sua destruição.

Autoridade: Coloque um macaco em uma gaiola e ele é igual a um porco, não por ser menos inteligente e rápido, mas porque não tem lugar para exercitar livremente suas capacidades. – *Huainanzi (século II a.C.)*

20

MANOBRE-OS EM DIREÇÃO À FRAQUEZA
A Estratégia do Amadurecimento--Para-a-Foice

Por mais forte que você seja, travar batalhas intermináveis com as pessoas é exaustivo, caro e sem imaginação. Estrategistas hábeis preferem a arte de manobrar: antes mesmo de começar a batalha, eles encontram meios de colocar seus adversários em posição de tamanha fragilidade que a vitória é fácil e rápida. Atraia os inimigos para que assumam posições que podem parecer fascinantes, mas que na verdade são armadilhas e becos sem saída. Se a posição deles é forte, faça-os abandoná-la liderando-os em uma perseguição inútil. Crie dilemas: imagine manobras que lhes deem uma variedade de modos para reagir – todos ruins. Canalize o caos e a desordem na direção deles. Adversários confusos, frustrados e zangados são como frutos maduros no galho: a mais leve brisa os derruba.

Guerra é como caçar. Animais selvagens são apanhados explorando o terreno, armando redes, perseguindo, rodeando e usando outros desses estratagemas, e não pela força pura e simples. Ao travarmos uma guerra, devemos proceder da mesma maneira, sejam os inimigos muitos ou poucos. Tentar simplesmente subjugar o inimigo em campo aberto, corpo a corpo, frente a frente, mesmo que você pareça vencer, é uma aventura muito arriscada e pode resultar em sérios danos. A não ser por extrema urgência, é ridículo tentar conquistar uma vitória que é tão cara e só traz glórias vãs...
Imperador
Bizantino
Maurikios,
539-602 d.C.

GUERRA DE MANOBRAS

Ao longo de toda a história é possível identificar dois estilos de guerra. O mais antigo é a guerra de atrito: o inimigo se rende porque você matou uma boa parte de seus homens. Um general combatendo em uma guerra de atrito calculará como derrotar o outro lado com tropas mais numerosas, com a formação de batalha que causará mais danos ou com tecnologia superior. De qualquer maneira, a vitória depende de cansar o outro lado em batalha. Mesmo com a extraordinária tecnologia dos tempos atuais, a guerra de atrito é consideravelmente simples, tirando partido dos instintos mais violentos da humanidade.

Durante muitos séculos, e mais notadamente na antiga China, desenvolveu-se um segundo método de guerrear. A ênfase aqui não era destruir o adversário em batalha, mas enfraquecê-lo e desequilibrá-lo antes de iniciar o combate. O líder manobrava para confundir, enfurecer e colocar o inimigo em uma posição ruim – tendo de lutar subindo morro, com sol ou vento no rosto ou em um espaço apertado. Neste tipo de guerra, um exército com mobilidade poderia ser mais eficiente do que uma tropa com músculos.

A filosofia da guerra de manobras foi codificada por Sun Tzu em seu *A arte da guerra*, escrito no período dos Estados Guerreiros da China, do século III ao século V a.C. – mais de duzentos anos de ciclos progressivos de atividade guerreira nos quais a própria sobrevivência do Estado dependia de seu exército e de seus estrategistas. Para Sun Tzu e seus contemporâneos, era óbvio que os custos da guerra iam muito além de suas baixas: incluíam necessariamente perda de recursos e boa vontade política e um abatimento no moral entre soldados e cidadãos. Estes custos aumentariam com o tempo, até que, no final, mesmo a maior nação guerreira sucumbiria à exaustão. Mas, com hábeis manobras, um Estado poderia se poupar desses altos custos e ainda sair vitorioso. Um inimigo que tivesse manobrado para uma posição fraca sucumbiria mais facilmente à pressão psicológica; antes mesmo de iniciar a batalha, ele teria imperceptivelmente começado a entrar em colapso e se renderia sem lutar.

Vários estrategistas fora da Ásia – mais notadamente Napoleão Bonaparte – foram brilhantes na utilização da guerra de manobras. Mas, em geral, a guerra de atrito está profundamente arraigada na mentalidade ocidental – desde os gregos antigos até a moderna América. Em uma cultura de atrito, as ideias naturalmente gravitam no sentido de como superar problemas, obstáculos e pessoas que causam resistência. Na mídia, a ênfase é colocada nas grandes batalhas, seja na política ou nas artes – situações estáticas em que há vencedores e perdedores. As pessoas são atraídas pelos aspectos emocionais e dramáticos de um confronto, e não pelos muitos passos que levam a essa confrontação. As histórias que se contam nessas culturas são todas voltadas para esses momentos conflitantes, uma mensagem moral pregada até o final (ao contrário de detalhes mais reveladores). Acima de tudo, este estilo de combate é considerado mais masculino, honrado e honesto.

Já a guerra de manobras é um modo diferente de pensar. O importante aqui é o processo – as etapas até a batalha e como manipular para que o confronto seja menos

Aptidão para manobrar é a suprema habilidade de um general; é o dom mais útil e raro pelo qual se avalia o gênio.

NAPOLEÃO BONAPARTE, 1769-1821

*Agora a disposição das forças de um exército (*hsing*) é como água. A configuração da água (*hsing*) evita pesos e corridas para baixo... A água configura (*hsing*) seu fluxo de acordo com o terreno; o exército controla sua vitória segundo o inimigo. Portanto o exército não mantém nenhuma configuração estratégica de poder constante (*shih*), a água não tem forma constante (*hsing*). Quem é capaz de mudar e transformar de acordo com o inimigo e arrebata a vitória é chamado de espiritual.*
A ARTE DA GUERRA, SUN TZU, SÉCULO IV A.C.

dispendioso e violento. No universo das manobras, nada é estático. As batalhas são, na verdade, ilusões dramáticas, breves momentos no fluxo mais amplo dos acontecimentos, que é fluido, dinâmico e suscetível a alterações por meio de cuidadosa estratégia. Este modo de pensar não vê honra ou virtude no desperdício de tempo, energia e vidas em batalhas. Pelo contrário, as guerras de atrito são vistas como preguiçosas, refletindo a tendência humana primitiva de se defender reagindo, sem pensar.

Em uma sociedade cheia de lutadores que combatem por atrito, você vai ganhar uma instantânea vantagem convertendo-se à guerra de manobras. Seu processo mental se tornará mais fluido, mais favorável à vida, e você será capaz de se fortalecer alimentando-se das tendências rígidas, obcecadas com a batalha, das pessoas a seu redor. Sempre pensando primeiro na situação em geral e em como manobrar as pessoas para posições de fraqueza, em vez de lutar contra elas, suas batalhas ficarão menos sangrentas – o que, visto que a vida é longa e o conflito, interminável, é sensato se você quiser uma carreira fértil e duradoura. E uma guerra de manobras é tão decisiva quanto uma guerra de atrito. Pense em enfraquecer seus inimigos como se fossem grãos amadurecendo, prontos para serem colhidos no momento certo.

Estes são os quatro princípios mais importantes da guerra de manobras:

Traçar um plano com ramificações. A guerra de manobras depende de planejamento e o plano tem de estar certo. Rígido demais e você fica sem espaço para se ajustar aos inevitáveis caos e atrito da guerra; frouxo demais e acontecimentos imprevistos o deixarão confuso e arrasado. O plano perfeito se origina de uma análise detalhada da situação, que lhe permite decidir qual a melhor direção a seguir ou a posição perfeita a ocupar, e sugere várias opções (ramos) eficazes, dependendo do que o inimigo lhe oferece. Um plano com ramificações permite que você manobre melhor seu inimigo porque suas respostas a circunstâncias variantes são mais rápidas e mais racionais.

Dar a si mesmo espaço para manobrar. Você não pode se mexer, não pode manobrar livremente, colocando-se em espaços entulhados ou se amarrando a posições que não o deixam movimentar-se. Considere a habilidade para se mover e manter em aberto mais opções do que seu inimigo como mais importante do que conservar territórios ou bens. Você quer espaço aberto, não posições mortas. Isto significa não se sobrecarregar com compromissos que limitarão suas opções. Significa não adotar atitudes que o deixarão sem ter para onde ir. A necessidade de espaço é psicológica assim como física: você precisa ter uma mente livre para criar qualquer coisa que valha a pena.

Dar dilemas a seu inimigo, não problemas. É bem provável que seus adversários sejam, em sua maioria, espertos e cheios de recursos; se suas manobras só lhes apresentarem um problema, eles inevitavelmente o solucionarão. Mas um dilema é diferente: seja lá o que fizerem, como eles reagirem – recuando, avançando, ficando parados –, continuam em dificuldades. Faça com que todas as opções sejam ruins: se você manobrar rapidamente para um ponto, por exemplo, pode forçar seus inimigos a lutar antes de estarem prontos ou então a recuar. Tente constantemente colocá-los em posições que pareçam atraentes, mas sejam armadilhas.

Criar o máximo de desordem. Seu inimigo depende de ser capaz de entender você, de ter alguma ideia do que você pretende. O objetivo de suas manobras deve ser tornar isso impossível, colocar o inimigo em uma perseguição inútil atrás de informações sem sentido, para criar ambiguidade quanto à direção para onde você vai. Quanto mais você atrapalhar a capacidade das pessoas de raciocinarem a seu respeito, mais desordem você injetará no organismo delas. A desordem que você cria é controlada e intencional, pelo menos para você. A desordem que o inimigo sofre é debilitante e destrutiva.

> **Imagem:**
> A Foice. O mais simples dos instrumentos. Cortar a grama alta ou campos de trigo ainda não maduro é trabalho exaustivo. Mas deixe os talos ficarem castanho-dourados, duros e secos, e nesse breve tempo até a foice mais cega ceifará o trigo com facilidade.

Autoridade: Batalhas se vencem com carnificina e com manobras. Quanto mais excelente for o general, mais ele contribui em manobras, menos ele exige em carnificina... Quase todas as batalhas consideradas como obras-primas da arte militar... foram batalhas de manobras nas quais com muita frequência o inimigo se viu derrotado por algum novo expediente ou mecanismo, algum golpe ou estratagema bizarro, rápido, inesperado. Nessas batalhas, os vitoriosos perderam muito pouco. – *Winston Churchill (1874-1965)*

21

NEGOCIE ENQUANTO AVANÇA
A Estratégia
da Guerra Diplomática

As pessoas sempre tentarão obter de você, por meio de negociações, o que não puderam tirar em batalhas ou confrontos diretos. Elas até vão apelar para a justiça ou moral como um disfarce para avançarem suas posições. Não se iluda: negociações são manobras de poder ou colocação, e você deve sempre se colocar em uma espécie de posição forte que impossibilite ao outro lado tirar proveito de você durante suas conversas. Antes e durante as negociações, você precisa continuar avançando, criando implacável pressão e forçando o outro lado a aceitar seus termos. Quanto mais você tira, mais você pode devolver em concessões inexpressivas. Crie fama de ser firme e intransigente, para que as pessoas fiquem perplexas antes mesmo de conhecer você.

> *Portanto, um governante prudente não deve manter a palavra se agindo assim contraria seus próprios interesses... Se os homens fossem todos bons, este preceito não seria bom; mas como eles são maus, e não cumprem o que lhe prometem, você não está obrigado a cumprir sua palavra com eles. Nem jamais faltaram bases legítimas para um príncipe que desejasse se desculpar pelo não cumprimento de uma promessa.*
>
> O Príncipe,
> Nicolau Maquiavel,
> (1469-1527)

CHAVES PARA A GUERRA

Conflitos e confrontos em geral são coisas desagradáveis que despertam emoções desagradáveis. Desejando evitar esse aborrecimento, as pessoas muitas vezes tentam ser gentis e conciliadoras com quem está a sua volta, na crença de que isso evocará a mesma reação em troca. Mas com frequência a experiência prova que esta lógica está errada: com o tempo as pessoas a quem você trata com gentileza vão achar isso muito normal e não darão o devido valor. Elas o verão como alguém que é fraco e que pode ser explorado. Ser generoso não evoca gratidão, mas cria uma criança mimada ou alguém que se ressente de um comportamento percebido como caridade.

Quem acredita, ao contrário de todas as evidências, que gentileza gera gentileza está condenado ao fracasso em qualquer tipo de negociação, sem falar do jogo da vida. As pessoas reagem de um modo delicado e conciliador só quando é do interesse delas e quando são obrigadas a isso. Sua meta é criar esse imperativo, fazendo com que seja penoso para elas lutar. Se você alivia a pressão de um desejo para ser conciliador e conquistar a confiança delas, só lhes dará uma abertura para procrastinarem, enganarem e se aproveitarem de sua gentileza. A natureza humana é assim. Ao longo dos séculos, quem disputou guerras aprendeu esta lição da maneira mais difícil.

Continuando a avançar, mantendo inexorável pressão, você força seus inimigos a reagir e eles acabam negociando. Se você avança um pouco mais todos os dias, as tentativas de retardar as negociações só enfraquecerão a posição deles. Você está demonstrando sua decisão e determinação, não por meio de gestos simbólicos, mas administrando a dor real. Você não continua a avançar a fim de se apoderar de terras ou bens, mas para se colocar na posição mais forte possível e vencer a guerra. Depois de fazê-los se acomodar, você tem espaço para fazer concessões e devolver parte do que tomou. No processo, você poderia até parecer gentil e conciliador.

Às vezes você vai se encontrar segurando a mão fraca, a mão sem nenhuma influência. Nesses momentos, é ainda mais importante continuar avançando. Ao demonstrar força e decisão, ao manter a pressão, você disfarça suas fragilidades e ganha bases que o deixarão criar para si mesmo uma vantagem significativa.

Compreenda: se você é fraco e pede pouco, pouco é o que vai conseguir. Mas se age com força, fazendo exigências firmes, até abusivas, a impressão é o oposto: as pessoas vão pensar que sua segurança deve estar baseada em algo real. Você vai conquistar o respeito, que por sua vez se traduzirá em vantagem. Quando você for capaz de se estabelecer em uma posição mais forte, pode levar isto mais adiante recusando-se a ceder, deixando claro que você está disposto a abandonar a mesa – uma forma eficaz de coerção. O outro lado pode aceitar o desafio, mas você garante que isso tenha um preço – má publicidade, por exemplo. E se no final você ceder um pouco, ainda será muito menos do que as concessões a que eles o teriam forçado se pudessem.

O grande diplomata britânico Harold Nicholson acreditava que havia dois tipos de negociadores: os guerreiros e os comerciantes. Guerreiros usam negociações como um meio de ganhar tempo e uma posição mais forte. Comerciantes operam segundo o princípio de que é mais importante estabelecer a confiança, moderar as exigências de cada um dos lados e chegar a um acordo mutuamente satisfatório. Seja na diplomacia ou nos negócios, o problema é quando os comerciantes supõem estar lidando com outro comerciante só para descobrir que enfrentam um guerreiro.

Seria útil saber antes que tipo de negociador você enfrenta. A dificuldade é que guerreiros hábeis se farão mestres em disfarces: a princípio, parecerão sinceros e afáveis, depois revelarão sua natureza guerreira quando já for tarde demais. Ao solucionar um conflito com um inimigo que você não conhece bem, é sempre melhor proteger-se representando você mesmo o papel de guerreiro: negociar enquanto avança. Sempre haverá tempo para recuar e consertar as coisas se você for longe demais. Mas, se virar presa de um guerreiro, você será incapaz de recuperar seja lá o que for. Em um mundo em que o número de guerreiros é cada vez maior, você tem de estar disposto a empunhar a espada também, mesmo que no fundo seja um comerciante.

Imagem: O Grande Porrete. Você pode falar com voz suave e gentil, mas o outro lado vê que você tem algo assustador na mão. Ele não precisa sentir a dor real disso batendo em sua cabeça; ele sabe que o porrete está ali, que ele não vai desaparecer, que você já o usou antes e que ele machuca. Melhor encerrar as discussões e negociar um acordo, a que preço for, do que se arriscar a levar uma porretada dolorosa.

Autoridade: Não nos consideremos vitoriosos até o dia *seguinte* à batalha, nem derrotados até quatro dias depois... Carreguemos sempre a espada em uma das mãos e o ramo de oliveira na outra, sempre prontos para negociar, mas negociando só enquanto avançamos. – *Príncipe Klemens von Metternich (1773-1859)*

22

SAIBA COMO TERMINAR AS COISAS
A Estratégia da Saída

Neste mundo, você é julgado pelo modo como termina as coisas. Uma conclusão confusa ou incompleta pode reverberar por muitos anos no futuro, arruinando sua reputação. A arte de terminar as coisas bem é saber quando parar, jamais indo tão longe a ponto de se exaurir ou criar inimigos rancorosos que o envolverão em conflitos no futuro. Significa também encerrar na nota certa, com energia e discernimento. Não se trata simplesmente de vencer a guerra, mas sim de como você a vence, como sua vitória o arma para o próximo round. *A suprema sabedoria estratégica é evitar todos os conflitos e emaranhamentos para os quais não há saída real.*

> *Se alguém ultrapassa seu objetivo, não o alcança. Se um pássaro não volta para o ninho, mas voa cada vez mais alto, acaba caindo na rede do caçador. Quem em tempos de extraordinária projeção de pequenas coisas não sabe como parar, mas continua insistindo inexoravelmente, atrai para si mesmo o infortúnio nas mãos de deuses e homens, porque se desvia da ordem da natureza.*
>
> I *CHING*, CHINA, C. SÉCULO VIII A.C.

AS CHAVES PARA A GUERRA

Existem três tipos de pessoas no mundo. Primeiro, as sonhadoras e faladoras, que começam seus projetos com uma explosão de entusiasmo. Mas esta explosão de energia rapidamente vai se apagando quando elas enfrentam o mundo real e o trabalho duro necessário para levar a cabo qualquer projeto. São criaturas emocionais que vivem principalmente no momento; perdem facilmente o interesse quando algo novo chama sua atenção. Suas vidas estão cheias de projetos pela metade, inclusive alguns que mal foram além de uma quimera.

Há aquelas que concluem tudo o que fazem, seja porque são obrigadas ou porque dão conta do esforço. Mas elas cruzam a linha final com um entusiasmo e uma energia distintamente menores do que quando começaram. Isto estraga o final da campanha. Porque estão impacientes para acabar, o fim parece feito às pressas e de improviso. E deixam as pessoas se sentindo ligeiramente insatisfeitas; não é memorável, não dura, não tem ressonância.

Estes dois tipos, tanto um como o outro, iniciam cada projeto sem uma ideia firme de como terminá-lo. E conforme o projeto progride, inevitavelmente divergindo de como eles tinham imaginado que seria, ficam inseguros sem saber como sair dele e desistem, ou então simplesmente correm para terminar logo.

O terceiro grupo é o daqueles que compreendem uma lei básica de poder e estratégia: o fim de alguma coisa – um projeto, uma campanha, uma conversa – tem enorme importância para as pessoas. Ele fica ressoando na cabeça. Uma guerra pode começar com grandes fanfarras e ocasionar muitas vitórias, mas se terminar mal é disso que todo mundo vai lembrar. Sabendo da importância e da ressonância emocional do término de qualquer coisa, as pessoas do terceiro tipo compreendem que a questão não é simplesmente terminar o que começaram, mas terminar bem – com energia, ideias claras e um olho no brilho remanescente, o modo como o que aconteceu vai ficar na mente das pessoas. Estas pessoas invariavelmente começam com um plano claro. Quando surgem contratempos, como costuma acontecer, elas são capazes de não perder a paciência e pensar racionalmente. Elas planejam não apenas até o fim, mas além do fim, as consequências. Estas são as que criam coisas que duram – uma paz significativa, uma obra de arte memorável, uma longa e fértil carreira.

Planos brilhantes e conquistas acumuladas não bastam. Você pode se tornar vítima de seu próprio sucesso, deixando a vitória seduzi-lo a ir longe demais, criando inimigos obstinados, vencendo a batalha, mas perdendo o jogo político em seguida. O que você precisa é de um terceiro olho estratégico: a habilidade para se manter focado no futuro enquanto opera no presente e finaliza suas ações de um modo que atenderá a seus interesses para o próximo *round* da guerra. Este terceiro olho o ajudará a neutralizar as emoções que podem insidiosamente contaminar suas estratégias inteligentes, especialmente a raiva e o desejo de vingança.

A questão crítica na guerra é saber quando parar, quando sair e quando entrar em acordo. Pare cedo demais e você perde o que poderia ter ganhado avançando; você

Se você se concentrar exclusivamente na vitória, sem pensar nos efeitos posteriores, pode ficar exausto demais para aproveitar a paz, enquanto é quase certo que a paz será ruim, contendo germes de outra guerra. Esta é uma lição baseada em abundantes experiências.

STRATEGY, B. H.
LIDDELL HART, 1954

Saber como terminar. Mestres do primeiro escalão são reconhecidos pelo fato de que, em pequenas e grandes questões, eles sabem perfeitamente como encontrar um fim, seja no final de uma melodia ou de um pensamento; do quinto ato de uma tragédia ou de um ato de Estado. O melhor do segundo escalão sempre fica inquieto com relação ao fim e não entra no mar com tanto orgulho e calmo equilíbrio como fazem, por exemplo, as montanhas em Portofino – onde a baía de Gênova termina sua melodia.

A GAIA CIÊNCIA,
FRIEDRICH
NIETZSCHE, 1882

concede muito pouco tempo para o conflito lhe mostrar para onde está indo. Pare tarde demais e você sacrifica seus ganhos exaurindo-se, agarrando mais do que pode manejar, criando um inimigo irado e vingativo.

Imagine que tudo que você faz tenha um momento de perfeição e fruição. Sua meta é terminar seu projeto ali, naquele pico. Sucumba ao cansaço, tédio ou impaciência pelo final e você não chega até lá. Ganância e delírios de grandeza farão você ir longe demais. Para concluir este momento de perfeição, você precisa ter uma ideia bem clara de seus objetivos, do que você realmente quer. Você precisa também comandar um profundo conhecimento de seus recursos – até onde você pode ir realmente? Esse tipo de consciência lhe dará uma noção intuitiva do ponto culminante.

Vitória e derrota são o que você faz com elas; o que importa é como você lida com elas. Visto que na vida derrotas são inevitáveis, você deve dominar a arte de perder bem e estrategicamente. Primeiro, considere sua própria atitude mental, como você assimila a derrota psicologicamente. Veja-a como um contratempo temporário, algo para acordá-lo e lhe ensinar uma lição, e mesmo perdendo você finaliza em uma nota alta e com uma vantagem: você está mentalmente preparado para entrar na ofensiva no próximo *round*. Com muita frequência, quem tem sucesso fica emotivo e imprudente; você precisa aceitar a derrota como um meio para se fortalecer.

Segundo, você precisa ver qualquer derrota como um modo de mostrar aos outros algo de positivo sobre si mesmo e seu caráter. Isto significa não baixar a cabeça, não dar sinais de amargura ou ficar na defensiva.

Terceiro, se você vir que a derrota é inevitável, quase sempre é melhor cair de pé. Assim você encerra com uma nota alta mesmo perdendo. Isto ajuda a reorganizar as tropas, a lhes dar esperança para o futuro. Plantar as sementes da vitória futura na derrota do presente é talento estratégico da mais alta qualidade.

Finalmente, visto que o fim é uma espécie de começo da próxima fase, com frequência, é uma sábia estratégia terminar com uma nota ambivalente. Se você está se reconciliando com um inimigo depois de uma luta, sugira sutilmente ainda estar com um resíduo de dúvida – que o outro lado ainda precisa provar para você quem ele é. Quando uma campanha ou projeto chega a um fim, deixe as pessoas achando que não podem prever o que você fará em seguida – mantenha-as em suspense, brincando com a atenção delas. Ao encerrar com uma nota de mistério e ambiguidade – um sinal confuso, uma insinuação, um toque de dúvida –, você ganha vantagem para o próximo *round* de um modo muito sutil e insidioso.

Imagem:
O Sol. Quando ele termina seu curso e se põe no horizonte, deixa para trás um brilho intenso memorável. Sua volta é sempre desejada.

Autoridade: Conquistar não quer dizer nada. Deve-se lucrar com o próprio sucesso.
– *Napoleão Bonaparte (1769-1821)*

PARTE

V

GUERRA (SUJA) NÃO CONVENCIONAL

Um general em uma guerra deve buscar constantemente uma vantagem sobre o adversário. A maior delas vem do elemento surpresa, atingindo os inimigos com estratégias que sejam novidade, que eles não conheçam, totalmente não convencionais. É da natureza da guerra, entretanto, que com o tempo qualquer estratégia com qualquer aplicação possível seja testada e experimentada, de modo que a busca das novas e não convencionais tem uma tendência inata a se tornar cada vez mais radical. Ao mesmo tempo, códigos morais e éticos que governaram a arte da guerra durante séculos gradualmente foram perdendo a rigidez. Estes dois efeitos se combinaram no que hoje chamamos de "guerra suja", em que tudo vale, até a matança de milhares de civis desavisados. A guerra suja é política, enganosa e extremamente manipuladora. Com frequência é o último recurso do fraco e do desesperado, ela usa qualquer meio disponível para levar a melhor.

A guerra não convencional tem sua própria lógica, que você precisa entender. Primeiro, nada permanece novo por muito tempo. Quem depende de novidades deve constantemente inventar uma nova ideia que seja contra as ortodoxias da época. Segundo, quem usa métodos não convencionais é muito difícil de combater. A rota clássica, direta – o uso da força – não funciona. Você precisa usar métodos indiretos para combater a dissimulação, combater fogo com fogo, mesmo ao custo de se sujar. Tentar continuar limpo por um senso moral é arriscar-se a uma derrota.

Os capítulos nesta seção vão iniciá-lo nas várias formas da guerra não ortodoxa. Algumas são estritamente não convencionais: enganar seus adversários e agir contra as expectativas deles. Outras são mais políticas e ardilosas: fazendo da moral uma arma estratégica, dominando formas insidiosas de agressão passiva. E algumas são imperdoavelmente sujas: destruir o inimigo de dentro para fora, infligindo terror e pânico. Estes capítulos são destinados a lhe dar uma compreensão maior da diabólica psicologia envolvida em cada estratégia, ajudando-o a se armar com a defesa adequada.

23

TEÇA UMA MESCLA IMPERCEPTÍVEL DE FATO E FICÇÃO
Estratégias de Percepções Erradas

Visto que nenhuma criatura sobrevive se não puder ver ou sentir o que está acontecendo ao redor, dificulte para seus inimigos saber o que está em volta deles, inclusive o que você está fazendo. Perturbe o foco deles e você enfraquece os poderes estratégicos deles. As percepções das pessoas são filtradas por suas emoções; elas tendem a interpretar o mundo segundo o que querem ver. Alimente suas expectativas, produza uma realidade que combine com os desejos delas e elas se iludirão. As melhores trapaças estão baseadas na ambiguidade, misturando fato com ficção, de modo que um não possa se desvencilhar do outro. Controle as percepções que as pessoas têm da realidade e você as controlará.

Dudley Clarke sempre deixou claro – um pouco mais tarde se verá que foi uma pena que outros não fossem como ele – que você não pode nunca, com mentiras, convencer um inimigo de qualquer coisa que não esteja de acordo com as previsões dele, que em geral não estão longe do que ele espera. Só usando o que sabe a seu respeito é que você é capaz de hipnotizá-lo, não apenas para pensar, mas para fazer o que você quer.

MASTER OF DECEPTION, DAVID MURE, 1980

CHAVES PARA A GUERRA

Nos primórdios da história da guerra, líderes militares se viam diante do seguinte dilema: o sucesso de qualquer esforço de guerra dependia da capacidade de se saber o máximo possível sobre o outro lado – suas intenções, seus pontos fortes e fracos. Mas o inimigo jamais revelaria espontaneamente estas informações.

A única solução era analisar bem o inimigo em busca de sinais externos do que estava acontecendo no interior. Um estrategista poderia contar as fogueiras no campo inimigo, por exemplo, e as mudanças nessa quantidade ao longo do tempo; isso mostraria o tamanho do exército e se ele aumentava com a chegada de reservas ou diminuía ao se dividir, ou talvez conforme os soldados desertavam.

O líder também sabia que, assim como ele estava observando o outro lado, o adversário estava fazendo a mesma coisa com ele. Ao considerarem estes jogos de vai e vem interpretando as aparências, certos estrategistas esclarecidos nas culturas ao redor do mundo tinham uma epifania semelhante: por que não distorcer intencionalmente os sinais pelos quais o inimigo estava esperando? Por que não confundir brincando com as aparências? Se o inimigo está contando as nossas fogueiras, assim como nós estamos contando as deles, por que não acender mais fogueiras, ou menos, para criar uma falsa impressão de nossa força? Um inimigo que pensa saber nosso tamanho e nossas intenções e não percebe que está sendo levado na direção errada agirá com base em seu falso conhecimento e cometerá todos os tipos de erro. Ele vai movimentar seus homens para combater um inimigo que não está ali. Ele combaterá com as sombras.

33 ESTRATÉGIAS DE GUERRA

Enfrentamos uma dinâmica semelhante em nossas batalhas diárias na vida. Somos criaturas sociais, e nossa felicidade e até nossa sobrevivência dependem de sabermos compreender o que as outras pessoas estão pretendendo ou pensando. Mas como não podemos entrar em suas cabeças, somos obrigados a ler os sinais em seus comportamentos. É por isso que, na esfera social, aprendemos desde cedo a usar a mentira – dizemos aos outros aquilo que eles querem ouvir, ocultando nossos verdadeiros pensamentos, fugindo à verdade, enganando para dar uma impressão melhor. Muitos desses engodos são totalmente inconscientes.

Visto que as aparências são cruciais e a fraude é inevitável, o que você precisa é aumentar sua aposta – tornar suas mentiras mais conscientes e hábeis. Há muita coisa que você pode aprender com as artes milenares do engodo, que estão baseadas em leis eternas da psicologia e são infinitamente aplicáveis às batalhas da vida diária.

A seguir temos seis formas principais de engodo militar, cada uma com sua própria vantagem.

A falsa fachada. Esta é a forma mais antiga de engodo militar. Originalmente ela implicava fazer o inimigo acreditar que se era mais fraco do que na realidade. Um líder fingiria uma retirada, digamos, colocando uma armadilha para o inimigo cair, atraindo-o para uma emboscada.

Controlar a fachada que você apresenta ao mundo é a técnica de engodo mais crítica. As pessoas reagem de forma mais direta ao que veem, ao que é mais visível aos olhos.

Obra-prima do traidor. – *Expressar a um colega conspirador a triste suspeita de que vamos ser traídos por ele, e fazer isso exatamente quando nós mesmos estamos envolvidos em uma traição, é uma obra-prima de malícia, porque mantém o outro ocupado consigo mesmo e o força por uns tempos a se comportar de forma muito franca e sem levantar suspeitas, dando assim ao verdadeiro traidor plena liberdade de ação.*

HUMANO, DEMASIADO HUMANO, FRIEDRICH NIETZSCHE, 1878

ESTRATÉGIA 23 | *147*

> *Aparência e intenção inevitavelmente seduzem as pessoas quando usadas com habilidade, mesmo se elas perceberem que existe outra intenção por trás das aparências. Quando você faz uma manobra e os adversários caem nelas, então você vence ao deixá-los agir segundo o que você armou. Quanto aos que não se deixam enganar, quando você percebe que não se convencerão com uma manobra visível, você arma outra. Então, mesmo que os adversários não tenham caído em sua manobra original, no efeito eles caíram.*
>
> FAMILY BOOK ON THE ART OF WAR, YAGYU MUNENORI, 1571-1646

Se você parece mais esperto – se você parece mentiroso –, eles levantam a guarda e será impossível enganá-los. Em vez disso, você precisa apresentar uma fachada que faça o oposto – desarme suspeitas. A melhor fachada é a fraqueza, que fará o outro lado se sentir superior a você.

Em geral, você deve apresentar uma face ao mundo que prometa o oposto do que realmente planeja fazer. Se está se aprontando para atacar, pareça despreparado para uma luta ou muito confortável e relaxado para estar tramando uma guerra.

O ataque-isca. Este é outro ardil que data de épocas antigas, e continua sendo talvez a manobra fraudulenta militar mais comum. Ela começa como a solução para um problema: se o inimigo soubesse que você iria atacar o ponto A, colocaria todas as suas defesas ali e tornaria seu trabalho muito difícil. A única resposta era fazer seu exército avançar para o ponto B, ou melhor, enviar parte de seu exército naquela direção, mantendo ao mesmo tempo tropas de reserva para seu verdadeiro objetivo.

O ataque-isca é também uma estratégia crítica na vida diária, quando você precisa reter o poder para ocultar suas intenções. Para impedir as pessoas de defenderem os pontos que você quer atacar, você deve seguir o modelo militar e fazer gestos reais em direção a uma meta que não o interesse.

Camuflagem. A habilidade para se misturar ao ambiente é uma das formas mais aterrorizantes de fraude militar. Impedir que seus inimigos o vejam até ser tarde demais é um

33 ESTRATÉGIAS DE GUERRA

modo devastador de controlar a percepção deles.

A estratégia de camuflagem pode ser aplicada à vida diária de dois modos. Primeiro, é sempre bom ser capaz de se fundir na paisagem social, evitar chamar atenção para si mesmo, a não ser que você escolha fazer isso. Segundo, se você está preparando algum tipo de ataque e começa misturando-se ao ambiente, não mostrando nenhum sinal de atividade, seu ataque parecerá vir do nada, duplicando seu poder.

> *Em tempos de guerra, a verdade é tão preciosa que deve estar sempre protegida por uma escolta de mentiras.*
>
> WINSTON CHURCHILL, 1874-1965

O modelo hipnótico. Os seres humanos tendem naturalmente a pensar em termos de padrões. Eles gostam de ver as coisas conformando-se com suas expectativas ao se encaixarem em um modelo ou esquema, pois esquemas, não importa qual seja seu verdadeiro conteúdo, nos confortam ao sugerirem que o caos da vida é previsível. Esse hábito mental oferece excelente terreno para fraudes – criando deliberadamente algum padrão que faz seus inimigos acreditarem que sua próxima ação será fiel à forma. Depois de deixá-las tranquilas, você agora tem espaço para trabalhar contra as expectativas delas, romper com o padrão e apanhá-las de surpresa.

Informações plantadas. As pessoas tendem muito mais a acreditar no que veem com seus próprios olhos do que em algo que lhes dizem. Elas tendem muito mais a acreditar em algo que descobrem do que naquilo que lhes impingem.

Não importa se você é um bom mentiroso; quando se mente, é difícil ser totalmente natural. Por isso funciona tão bem espalhar sua farsa entre pessoas que você acha que ignoram a verdade – pessoas que acreditam na mentira. Quando trabalhar com agentes duplos deste tipo, é sempre bom alimentá-los inicialmente com alguma]s informações verdadeiras – isto estabelecerá a credibilidade das informações secretas que eles passam adiante. Depois, eles serão os canais perfeitos para suas mentiras.

Sombras dentro de sombras. Manobras enganosas são como sombras lançadas deliberadamente: o inimigo reage a elas como se fossem sólidas e reais, o que por si só é um erro. Em um mundo sofisticado, competitivo, entretanto, ambos os lados conhecem o jogo, e o inimigo alerta não tentará agarrar necessariamente a sombra que você lançou. Portanto, você precisa subir o nível da arte da ilusão, lançando sombras *dentro* de sombras, tornando impossível para seus inimigos distinguir entre fato e ficção. Você torna tudo tão ambíguo e incerto, espalha tanta névoa que, mesmo que desconfiem que você esteja mentindo, isso não tem importância – a verdade não pode ser desvendada a partir das mentiras, e tudo que a desconfiança deles gera é tormento. Enquanto isso, esforçando-se para descobrir o que você vai fazer, eles desperdiçam tempo e recursos valiosos.

Imagem:
Névoa. Ela torna impossível saber a forma e a cor dos objetos. Aprenda a criar bastante névoa e você se livra do olhar intrometido do inimigo; você tem espaço para manobra. Você sabe para onde está indo, enquanto o inimigo se perde cada vez mais na névoa.

Autoridade: Quem é bom combatendo o inimigo o engana com movimentos inescrutáveis, confunde-o com falsas informações secretas, deixa-o relaxado ao ocultar sua própria força... ensurdece seus ouvidos misturando ordens e sinais, cega seus olhos convertendo bandeiras e insígnias... confunde seu plano de batalha fornecendo-lhe fatos distorcidos. – *Tou Bi Fu Tan*, A Scholar's Dilettante Remarks on War *(século XVI)*

24

ADOTE A LINHA DO MÍNIMO DE EXPECTATIVAS
A Estratégia do Ordinário-Extraordinário

As pessoas esperam que seu comportamento se encaixe em padrões e convenções conhecidos. Sua tarefa como estrategista é abalar as expectativas delas. Surpreenda-as e o caos e a imprevisibilidade – que tentam desesperadamente manter afastados – entram em seu mundo e, na perturbação mental que se segue, as defesas baixam e elas ficam vulneráveis. Primeiro, faça qualquer coisa comum e convencional para fixar a imagem que elas têm de você, depois atinja-as com o extra*ordinário. O terror é maior por ser tão súbito. Jamais confie em uma estratégia não ortodoxa que funcionou antes – ela é convencional na segunda vez. Às vezes, o ordinário é extraordinário por ser inesperado.*

> *Tudo que o inimigo menos espera terá mais sucesso. Se ele confia em uma cadeia de montanhas que acredita ser intransponível para se sentir seguro, e você atravessa essas montanhas por estradas que ele desconhece, ele fica confuso, para início de conversa, e, se você pressioná-lo, ele não terá tempo para se recuperar de sua consternação. Do mesmo modo, se ele se colocar atrás de um rio para defender a travessia e você encontrar uma parte rasa mais acima ou abaixo por atravessar sem ele saber, esta surpresa o deixará desconcertado e confuso...*
>
> Frederico, o Grande, 1712-86

GUERRA NÃO CONVENCIONAL

Milhares de anos atrás, líderes militares – conscientes dos riscos incrivelmente altos que a guerra implica – buscavam por toda parte algo que desse a seu exército uma vantagem no campo de batalha. Alguns generais que eram particularmente brilhantes inventavam formações inusitadas de tropas ou uma utilização insólita da infantaria ou cavalaria: a novidade da tática impedia o inimigo de prevê-la. Sendo inesperada, ela o deixava confuso. Um exército que ganhasse a vantagem da surpresa desse modo, em geral, a transformava em vitória no campo de batalha e talvez em uma série de outros triunfos.

O inimigo, entretanto, se esforçaria para encontrar uma defesa contra a nova estratégia, fosse o que fosse, e muitas vezes não demorava muito. Assim, o que antes causara um brilhante sucesso e fora a síntese da inovação, em breve não funcionava mais e na verdade se tornava convencional. Além do mais, no processo de descobrir uma defesa contra uma nova estratégia, o próprio inimigo muitas vezes era obrigado a inovar; agora era sua vez de introduzir algo surpreendente e terrivelmente eficaz. E assim o ciclo continuava. A guerra sempre foi impiedosa; nada permanece não convencional por muito tempo. É inovar ou morrer.

Em épocas modernas, o constante desafio para superar o inimigo com algo novo e não convencional desviou-se para uma guerra suja. Afrouxando os códigos de honra e moralidade que no passado limitavam o que um general podia fazer (pelo menos até certo ponto), os exércitos modernos lentamente adotaram a ideia do vale-tudo. Táticas de

33 ESTRATÉGIAS DE GUERRA

guerrilha e terrorismo são conhecidas desde a Antiguidade. Agora elas se tornaram não apenas mais comuns, como mais estratégicas e refinadas. Propaganda, desinformação, guerra psicológica, mentiras e meios políticos de travar guerra, tudo isso passou a ser ingrediente ativo em qualquer estratégia não convencional. Uma contraestratégia em geral se desenvolve para lidar com o que há de mais recente na guerra suja, mas quase sempre isso implica descer ao nível do inimigo, combatendo fogo com fogo. O inimigo inescrupuloso se adapta baixando a um nível ainda mais sórdido, criando uma espiral descendente.

Esta dinâmica é particularmente intensa na arte da guerra, mas permeia cada aspecto de atividade humana. Se você está na política e no mundo dos negócios, e seus adversários ou concorrentes surgem com uma nova estratégia, adapte-a a seus próprios propósitos ou, melhor, supere-a. A tática deles, que já foi nova, se torna convencional e basicamente inútil. Nosso mundo é tão ferozmente competitivo que um lado quase sempre acabará recorrendo a algo sórdido, algo fora dos códigos anteriores de comportamento aceitável. Ignore esta espiral, por moral ou orgulho, e você se coloca em grave desvantagem; você é obrigado a reagir, com a probabilidade de fazer um pouco de jogo sujo você mesmo.

A espiral domina não apenas a política ou os negócios, mas a cultura também, com sua desesperada busca do chocante e inusitado para chamar atenção e conquistar aclamação momentânea. Vale tudo. A velocidade do processo aumentou exponencialmente

Faça um movimento em falso, não para que ele passe por autêntico, mas para transformá-lo em genuíno depois que o inimigo estiver convencido de sua falsidade.

THE WILES OF WAR: 36 MILITARY STRATEGIES FROM ANCIENT CHINA, TRADUZIDO DA VERSÃO PARA O INGLÊS DE SUN HAICHEN, 1991

Eu me forcei a contradizer-me para não me conformar com meu próprio gosto.

MARCEL DUCHAMP, 1887-1968

com o tempo: o que era não convencional nas artes poucos anos antes agora parece insuportavelmente vulgar e o cúmulo da conformidade. O que nós consideramos não convencional mudou ao longo dos anos, mas as leis que tornam efetivo este não convencionalismo, estando baseadas na psicologia elementar, são eternas. E uma vez compreendendo a essência da guerra não convencional você será capaz de usá-la em sua vida diária.

A guerra não convencional tem quatro princípios básicos, conforme compilado de grandes praticantes da arte:

Manobrar fora da experiência do inimigo. Princípios de guerra baseiam-se em precedentes: uma espécie de cânone de estratégias e contraestratégias se desenvolve ao longo dos séculos e, visto a guerra ser tão perigosamente caótica, os estrategistas confiam nestes princípios por falta de outra coisa. Eles filtram o que está acontecendo agora através do que aconteceu no passado. Os exércitos que abalaram o mundo, entretanto, sempre encontraram um jeito de operar fora do cânone e, por conseguinte, fora da experiência do inimigo. Esta habilidade impõe caos e desordem ao inimigo, que não pode se orientar para o que é novo e sucumbe no processo.

Sua tarefa como estrategista é conhecer bem seus inimigos, depois usar seu conhecimento para inventar uma estratégia que fuja à experiência deles. O que possam ter lido ou escutado importa menos do que suas experiências pessoais, que dominam sua vida emocional e determinam suas reações. Já tendo sido usada e não sendo mais estranha à experiência de seu inimigo, a estratégia não terá o mesmo efeito se repetida.

Tirar do ordinário o que é extraordinário. Para os antigos chineses, fazer algo extraordinário tinha pouco efeito sem a organização de algo ordinário. Você tinha de misturar as duas coisas – acalmar as expectativas de seus adversários com uma manobra banal, ordinária, um padrão confortável que eles esperam que você siga. Com o inimigo suficientemente hipnotizado, você poderia então atacar com o extraordinário, uma demonstração de força surpreendente, de um ângulo totalmente novo. Enquadrado no previsível, o golpe teria o dobro do impacto.

A manobra não convencional que confundiu os inimigos, entretanto, teria se tornado convencional na segunda ou terceira vez. Assim, o general esperto poderia então retornar à estratégia ordinária que havia usado antes para prender a atenção deles e usá-la para seu principal ataque, pois isso seria a última coisa que o inimigo poderia esperar. E assim o ordinário e o extraordinário funcionam apenas caso se joguem um contra o outro em uma constante espiral. Isto se aplica à cultura tanto quanto à guerra; para chamar atenção com um produto cultural, você tem de criar algo novo, mas algo sem referência à vida ordinária não é de fato não convencional, mas simplesmente estranho. O que é chocante e extraordinário surge do que é ordinário. O entrelaçamento do ordinário com o extraordinário é a própria definição de surrealismo.

Agir com a esperteza de uma raposa. Apesar das aparências, um bocado de desordem e irracionalidade está à espreita sob a superfície da sociedade e dos indivíduos. É por isso que lutamos desesperadamente para manter a ordem e é por isso que as pessoas que agem irracionalmente assustam: elas estão demonstrando que perderam os muros que construímos para nos proteger do que é irracional. Não podemos prever o que essas pessoas farão em seguida e nossa tendência é ficar longe delas – não vale a pena misturar-se com essas fontes de caos. Por outro lado, estas pessoas podem também inspirar uma espécie de admiração e respeito, porque no íntimo todos nós desejamos ter acesso aos oceanos irracionais que se agitam dentro de nós. Na Antiguidade, os loucos eram vistos como possuídos pelo divino; um resíduo dessa atitude sobrevive. Todos os grandes generais tiveram um toque de loucura estratégica, divina.

O segredo é manter este traço sob controle. De vez em quando você se permite operar de um modo que é deliberadamente irracional, porém menos é mais – exagere e você pode ser preso. De qualquer maneira, você vai assustar mais as pessoas demonstrando um ocasional lampejo de insanidade, o suficiente para manter todo mundo desequilibrado e na dúvida sobre o que você vai fazer em seguida. Como uma alternativa, comporte-se um tanto aleatoriamente, como se o que você fez fosse determinado por um jogo de dados. A aleatoriedade é profundamente perturbadora para os humanos. Pense neste comportamento como uma espécie de terapia, uma chance de curtir o irracional de vez em quando, como um alívio da necessidade opressiva de sempre parecer normal.

33 ESTRATÉGIAS DE GUERRA

Manter as rodas em constante movimento. O não convencional costuma ser província dos jovens, que não se sentem à vontade com as convenções e se divertem zombando delas. O perigo é que, com a idade, precisamos de mais conforto e previsibilidade, e perdemos nosso gosto pelo que não é ortodoxo. Você precisa lutar contra o processo de envelhecimento psicológico mais ainda do que do físico, pois uma mente cheia de estratagemas, truques e manobras fluidas vai mantê-lo jovem. Faça questão de romper com os hábitos que desenvolveu, de agir de um modo diferente de como você funcionou no passado; pratique um tipo de guerra não convencional em sua própria mente. Mantenha as rodas girando e agitando o solo para que nada se acomode e se aglutine no que é convencional.

Imagem:
O Arado.
O solo precisa
estar preparado. As lâ-
minas do arado reviram a terra
em constante movimento, arejando o
solo. O processo deve continuar todos os anos
ou as ervas mais daninhas tomarão conta e o solo cheio
de grumos sufocará toda a vida. Da terra, arada e fertilizada,
as plantas mais nutritivas e maravilhosas podem emergir.

Autoridade: Em geral, enfrenta-se o inimigo com o que é ortodoxo, e se conquista vitória com o heterodoxo... O heterodoxo e o ortodoxo se produzem mutuamente, como um ciclo vicioso. Quem pode esgotá-los? – *Sun Tzu (século IV a.C.)*

25

OCUPE O TERRENO ELEVADO DA MORAL
A Estratégia Justa

Em um mundo político, a causa pela qual você está lutando deve parecer mais justa do que a do inimigo. Pense nisto como o terreno moral que você e o outro lado estão disputando; ao questionar os motivos de seus adversários e fazê-los parecer perversos, você pode estreitar suas bases de apoio e espaço de manobra. Mire nos pontos frágeis da imagem pública deles, expondo possíveis hipocrisias. Jamais suponha que a justiça de sua causa seja evidente por si mesma; publique-a e a promova. Quando você mesmo sofrer ataques morais de um inimigo esperto, não se lamente ou se zangue; combata fogo com fogo. Se possível, coloque-se na posição do injustiçado, da vítima, do mártir. Aprenda a impor a culpa como uma arma moral.

[Coronel John] Boyd prestava muita atenção à dimensão moral e ao esforço para atacar um adversário moralmente ao mostrar o contraste entre crenças professadas e atos. O objetivo de um plano moral para uma excelente estratégia é usar a influência moral para ampliar o próprio espírito e força, ao mesmo tempo que se expõem as falhas dos sistemas concorrentes do adversário. No processo, é preciso influenciar os adversários em potencial, não comprometidos, e os atuais para que sejam atraídos para sua filosofia e sejam solidários com seu sucesso.

THE MIND OF WAR: JOHN BOYD AND AMERICAN SECURITY, GRANT T. HAMMOND, 2001

CHAVES PARA A GUERRA

Em quase todas as culturas, a moral – a definição de bom e mau – originou-se como um meio para diferenciar uma classe de pessoas de outra. As sociedades usam ideias sobre o que é e o que não é moral para criar valores que lhes são úteis. Quando estes valores se tornam antiquados ou deixam de ser convenientes, a moral lentamente muda e evolui.

Há indivíduos e grupos, entretanto, que usam a moral com um propósito bem diferente – não para manter a ordem social, mas para obter vantagem em uma situação competitiva, tal como a guerra, a política ou os negócios. Eles são mestres em ocupar o terreno elevado e traduzir isso em uma espécie de poder ou vantagem.

Quando seus inimigos tentam se apresentar como tendo mais razão do que você, e, portanto, são mais éticos, você deve ver este movimento pelo que costuma ser: não o reflexo de uma noção moral, do que é certo ou errado, mas uma estratégia esperta.

A única resposta que funciona é ser estratégico também. Uma vez iniciado o combate pelo terreno moral, você deve lutar para ocupar o terreno alto do mesmo modo como faria em um tiroteio na guerra.

Como qualquer forma de guerra, o conflito moral tem possibilidades ofensivas e defensivas. Quando você está na ofensiva, está ativamente trabalhando para destruir a reputação do inimigo.

Revelar as hipocrisias de seu adversário talvez seja a arma ofensiva mais mortífera do arsenal moral: as pessoas naturalmente odeiam hipocrisia. Inimigos que trombeteiam certos valores como inerentes a seu lado, mas que nem sempre adotam esses valores na realidade, são alvos perfeitos.

Se uma luta com seus inimigos é inevitável, trabalhe sempre para fazer com que eles deem o primeiro passo. Do mesmo modo, mesmo que você esteja combatendo uma guerra de agressão, encontre um jeito de se apresentar não como um conquistador, mas como um libertador. Você está lutando não por terra ou dinheiro, mas para libertar um povo do sofrimento nas mãos de um regime opressor.

Em geral, em um conflito que seja potencialmente desagradável, no qual você tem certeza de que o inimigo vai recorrer a quase tudo, é melhor partir para a ofensiva com sua campanha moral e não esperar que ele ataque. Destruir aos poucos a reputação do outro lado é mais fácil do que defender a sua.

A melhor defesa contra guerreiros morais é não lhes dar nenhum alvo. Esteja à altura de seu bom nome; pratique o que você prega, pelo menos em público; alie-se às causas mais justas do momento. Faça seus adversários esforçarem-se tanto para minar sua reputação que pareçam desesperados e seus ataques se revelem em seus rostos. A melhor defesa contra um ataque moral é vacinar-se contra ele antes, reconhecendo onde você possa estar vulnerável e tomar medidas preventivas.

Guerras são quase sempre travadas por interesses próprios: uma nação entra em guerra para se proteger de um inimigo invasor, ou potencialmente perigoso, ou para tomar as terras ou recursos de um vizinho. A moral é às vezes um componente na decisão – em uma guerra santa ou cruzada, por exemplo –, mas mesmo nestes casos o interesse próprio em geral tem seu papel; a moral

É um mundo não de anjos, mas de ângulos, onde os homens falam de princípios morais, mas agem segundo princípios de poder; um mundo onde somos sempre morais e nossos inimigos, sempre imorais.
RULES FOR RADICALS,
SAUL D. ALINSKY,
1909-72

> *A maldade bem-sucedida ganhou o nome de virtude...*
> THOMAS HOBBES, 1588-1679

é com frequência apenas um disfarce para o desejo de mais território, mais riquezas, mais poder. Guerras de interesse próprio em geral terminam quando os interesses do vencedor estão satisfeitos.

Aquelas pessoas que lutam por uma ideia moral podem às vezes ser as mais perigosas. Elas podem estar sedentas de poder e usando a moral como disfarce, podem estar motivadas por algum ressentimento oculto, mas, de qualquer maneira, estão atrás de outras coisas além de satisfazer um interesse pessoal. Mesmo que você as derrote, ou pelo menos se defenda delas com sucesso, a cautela aqui pode ser de mais valor. Evite guerras de moral, se puder; elas não valem o tempo e os sentimentos sujos que despertam.

Imagem: Germes. Depois que entram e atacam o corpo, espalham-se rapidamente. Suas tentativas de destruí-los muitas vezes os tornam mais fortes e difíceis de erradicar. A melhor defesa é a prevenção. Preveja o ataque e vacine-se contra eles. Com esses organismos você tem de combater fogo com fogo.

Autoridade: O pivô da guerra nada mais é do que nome e honestidade. Garanta um bom nome para si próprio e dê ao inimigo um mau nome; proclame sua honestidade e revele a desonestidade do inimigo. Então seu exército pode avançar com grande ímpeto, abalando céus e terras. – *Tou Bi Fu Tan,* A Scholar's Dilettante Remarks on War *(século XVI)*

26

NEGUE-LHES ALVOS
A Estratégia do Vazio

A sensação de vazio ou vácuo – silêncio, isolamento, não comprometimento com os outros – é intolerável para a maioria das pessoas. Como uma fraqueza humana, esse medo oferece terreno fértil para uma poderosa estratégia; não dê a seus inimigos um alvo para atacar, seja perigoso, mas esquivo, em seguida observe como eles o caçam no vazio. Esta é a essência da guerrilha. Em vez de batalhas frontais, desfeche ataques laterais irritantes, mas prejudiciais, e alfinetadas. Frustrados por se verem incapazes de usar a força contra sua campanha incompreensível, seus adversários perdem a lógica e ficam exaustos. Faça de sua guerrilha parte de uma grande causa política – a guerra de um povo – que culmina em uma irresistível revolução.

Tal foi o sistema que a Espanha usou contra nós. Cento e cinquenta a duzentos grupos de guerrilheiros espalhados pela Espanha tinham jurado matar trinta a quarenta franceses por mês cada um: isso somava seis a oito mil homens por mês para todos os grupos de guerrilha juntos. A ordem era jamais atacar soldados viajando como uma organização, a não ser que os guerrilheiros estivessem em maior número. Mas eles disparavam em todos os extraviados, atacavam pequenas escoltas e procuravam colocar as mãos nos fundos, nos mensageiros e especialmente nos comboios do inimigo. Como todos os habitantes atuavam como espiões para seus companheiros cidadãos, os guerrilheiros sabiam quando os comboios sairiam e de quantos homens

CHAVES PARA A GUERRA

Ao longo dos séculos, a guerra organizada – em todas as suas infinitas variações, desde primitivas até modernas, de asiáticas a ocidentais – sempre teve a tendência de seguir uma determinada lógica, que é tão universal que quase parece inerente ao processo. A lógica é a seguinte: um líder decide levar seu país à guerra e arma um exército com este propósito. O objetivo do exército é enfrentar e derrotar o inimigo em uma batalha decisiva que forçará uma rendição e termos favoráveis de paz. O estrategista conduzindo a campanha deve lidar com uma área específica, o teatro de guerra. Esta área é, com relativa frequência, limitada; manobrar em vastos espaços abertos complica a possibilidade de levar uma guerra até o fim. Trabalhando dentro do teatro de guerra, portanto, o estrategista planeja conduzir seu exército à batalha decisiva de um modo que irá surpreender o inimigo ou colocá-lo em desvantagem. Para manter suas tropas fortes o bastante para desferirem o golpe mortal, ele as concentra, em vez de dispersá-las. Uma vez iniciada a batalha, o exército formará naturalmente um flanco e uma retaguarda, que devem proteger contra o cerco, assim como linhas de comunicação e suprimentos. Talvez sejam necessárias várias batalhas para encerrar a guerra, visto que cada lado trabalha para dominar as posições-chaves que lhe darão o controle do teatro, mas líderes militares devem tentar terminá-la o mais rápido possível. Quanto mais ela se arrastar, mais os recursos do exército se esgarçam, até o ponto de rompimento, onde a capacidade de combate entra em colapso. O moral dos soldados declina com o tempo também.

Como em qualquer atividade humana, entretanto, este lado positivo, disciplinado, gera um lado sombrio, negativo, que contém sua própria forma de poder e lógica inversa. O lado sombrio é a guerrilha. Os rudimentos da guerrilha originaram-se há milhares de anos, quando nações menores se viam invadidas por vizinhos mais poderosos; para sobreviverem, seus exércitos eram obrigados a fugir do invasor, pois qualquer enfrentamento direto os teria destruído.

Os guerrilheiros primitivos aprenderam quanto vale operar em bandos pequenos, dispersos, ao contrário de um exército concentrado, mantendo-se em constante movimento, jamais formando frente, flanco ou retaguarda para o outro lado atacar. O inimigo gostaria de manter a guerra confinada a um determinado espaço; melhor, então, estendê-la pelo maior território possível, espalhando-se pelos campos, forçando o inimigo a se dispersar na perseguição, expondo-se a ataques repentinos. O inimigo naturalmente gostaria de terminar rápido a guerra, então seria bom arrastá-la o máximo possível, fazendo do tempo uma arma ofensiva que consumisse o adversário com atritos e moral declinante.

O poder da guerrilha é essencialmente psicológico. Na guerra convencional, tudo converge para o encontro de dois exércitos em batalha. Para isto é que se planejam todas as estratégias e é isto que o instinto marcial exige como uma espécie de alívio da tensão. Ao adiar indefinidamente esta convergência

estaria composta a escolta, e os bandos se certificavam de serem duas vezes mais numerosos. Eles conheciam muito bem o país e atacavam furiosamente no local mais favorável. O sucesso com frequência coroava o empreendimento, mas eles sempre matavam muitos homens, e o objetivo era alcançado. Como um ano tem doze meses, estávamos perdendo cerca de 80 mil homens por ano, sem batalhas campais. A guerra na Espanha durou sete anos, portanto mais de 500 morreram... Mas isso inclui apenas aqueles mortos pelos guerrilheiros. Somem-se as batalhas de Salamanca, Talavera e Vitória, e várias outras que nossas tropas perderam; os cercos... o infrutífero ataque a Cádiz; acrescente-se também a invasão e evacuação de Portugal, as febres e diversas doenças

> *que a temperatura causava a nossos soldados, e você verá que poderíamos acrescentar mais 300 mil homens a esse número durante aqueles sete anos... Do que se tem dito, ficará evidente que o principal objetivo deste tipo de guerra é causar a destruição do inimigo quase sem que ele perceba. E, como água mole em pedra dura tanto bate até que fura, paciência e perseverança são necessárias, sempre seguindo o mesmo sistema. A longo prazo, o inimigo sofrerá mais com isso do que perdendo batalhas campais.*
>
> ON PARTISANS AND IRREGULAR FORCES, J.F.A. LE MIÈRE DE CORVEY, 1823

natural, o estrategista de guerrilha cria intensa frustração. Quanto mais tempo esta corrosão mental durar, mais debilitante ela se torna.

Por ser tão psicológica, a estratégia de guerrilha é infinitamente aplicável ao conflito social. Na vida como na guerra, nossos pensamentos e emoções convergem naturalmente para momentos de contato e enfrentamento com outras pessoas. Encontramos pessoas que são intencionalmente esquivas, que fogem ao contato, extremamente desconcertantes. Estes adversários podem ganhar um perturbador poder sobre nossas mentes e, quanto mais tempo eles continuarem assim, mais somos atraídos para lutar segundo os termos deles.

O que é preciso considerar antes de tudo é se a campanha no estilo guerrilha é apropriada para as circunstâncias que você está enfrentando. Ela funciona muito bem, por exemplo, contra um adversário que é agressivo, mas esperto. Estes tipos não suportam a falta de contato com um inimigo. Eles vivem para manobrar, ser os melhores, atacar melhor. Não ter nada para atingir neutraliza a esperteza deles, e sua agressão torna-se sua ruína.

Uma vez tendo determinado que uma guerrilha é adequada, examine o exército que você vai usar. Um exército grande, convencional nunca é o apropriado; fluidez e habilidade para atacar de muitos ângulos é o que conta. O modelo organizacional é a célula – um grupo relativamente pequeno de homens e mulheres, bem unidos, dedicados, automotivados e espalhados. Estas células devem penetrar no próprio campo inimigo.

O principal é evitar os canais formais de uma organização e a tendência à grandeza e concentração. Opte, pelo contrário, por mobilidade; torne seu exército leve e clandestino. Você pode também anexar suas células de guerrilha em um exército regular, como os cossacos russos apoiavam o exército de Alexandre. Esta mistura de convencional e não convencional pode se mostrar muito eficaz.

Depois de organizar suas células, você precisa dar um jeito de fazer com que o inimigo o ataque. Na guerra, isso em geral se faz recuando, depois virando para atacar o inimigo com pequenos ataques de surpresa e emboscadas constantes que não podem ser ignorados.

Na maioria dos conflitos, o tempo é um perigo, colocando em jogo a Lei de Murphy: se algo pode dar errado, dará. Se seu inimigo é pequeno e relativamente autossuficiente, entretanto, há menos coisas para dar errado, e enquanto isso você trabalha para garantir que, para ele, a passagem do tempo seja um pesadelo. O moral afunda, recursos ficam escassos e até grandes planejadores como Napoleão se veem com problemas que nunca poderiam ter previsto. O efeito é exponencial: conforme vão surgindo problemas inesperados, o inimigo começa a cometer erros.

Faça do tempo uma arma ofensiva em suas estratégias. Planeje suas manobras para manter seus inimigos movendo-se simplesmente, sempre pensando que uma batalha a mais será a solução. Você quer que eles se deteriorem aos poucos; um súbito revés nítido, uma visão clara da armadilha que você está armando para eles, e pulam fora antes de o prejuízo ter sido causado. Deixe-os tomar posições-chave que lhes deem a ilusão de sucesso. Seus inimigos se apegarão a elas com tenacidade conforme cresce o número de seus ataques repentinos e momentâneos. E então, à medida que eles enfraquecem, aumente o ritmo destes ataques. Deixe-os na esperança, deixe-os pensar que ainda vale a pena, até a armadilha estar armada. Aí, desfaça a ilusão deles.

A essência da guerrilha é a fluidez. O inimigo sempre tentará se ajustar ao que você está fazendo, tentando se equilibrar neste terreno pouco familiar. Você precisa estar preparado para mudar e adotar o que for contrário às expectativas: isto pode significar lutar ocasionalmente de um modo convencional, concentrando seu exército para atacar aqui ou ali, depois dispersando-o de novo. Seu objetivo é o máximo de desordem e estranheza. Lembre-se: esta guerra é psicológica. São as mentes dos inimigos que perdem fôlego e são elas que caem primeiro.

Imagem: O Mosquito. A maioria dos animais apresenta frente, costas e lados que podem ser atacados ou ameaçados. Os mosquitos, entretanto, não lhe dão nada, a não ser um zumbido irritante no ouvido, de todos os lados e ângulos. Você não consegue acertá-lo, você não pode vê-lo. Sua carne, enquanto isso, lhes dá infinitos alvos. Um número suficiente de picadas e você percebe que a única solução é parar de lutar e sair dali o mais rápido possível.

Autoridade: Tudo que tem forma pode ser superado; tudo que tem contorno pode ser enfrentado. É por isso que os sábios ocultam suas formas no nada e deixam suas mentes pairarem no vazio. – *Huainanzi (século II a.C.)*

27

FAÇA DE CONTA QUE ESTÁ TRABALHANDO PELOS INTERESSES ALHEIOS ENQUANTO PROMOVE OS SEUS
A Estratégia da Aliança

A melhor maneira de promover sua causa com o mínimo de esforço e derramamento de sangue é criando uma rede de alianças que mudem constantemente, conseguindo que os outros compensem suas deficiências, façam o trabalho sujo, combatam suas guerras, gastem energia fazendo você avançar. A arte está em escolher os aliados que se encaixem em suas necessidades do momento e preencham os hiatos de seu poder. Dê-lhes presentes, ofereça-lhes amizade, ajude-os em épocas difíceis – tudo para que não vejam a realidade e fiquem como sutis devedores com relação a você. Ao mesmo tempo, trabalhe para semear dissidências nas alianças dos outros, enfraquecendo seus inimigos ao isolá-los. Embora formando coalizões convenientes, mantenha-se livre de envolvimentos negativos.

Seis na terceira posição significa: ele encontra um camarada. Agora ele bate o tambor, agora ele para. Agora ele soluça, agora ele canta. Aqui a fonte da força de um homem está não nele mesmo, mas em sua relação com outras pessoas. Não importa se perto ou longe delas, ele é inevitavelmente jogado de um lado para outro, oscilando entre alegria e tristeza. Em júbilo celestial, depois em uma tristeza mortal – este é o destino daqueles que dependem de um acordo íntimo com outras pessoas a quem amam...

I *CHING*, CHINA C. SÉCULO VIII A.C.

CHAVES PARA A GUERRA

Para sobreviver e progredir na vida, nos vemos constantemente tendo de usar as outras pessoas para algum propósito, alguma necessidade – para obter recursos que não conseguimos sozinhos, para nos dar algum tipo de proteção, para compensar uma habilidade ou talento que não possuímos. Para descrever relacionamentos humanos, entretanto, a palavra "uso" tem conotações pejorativas, e em qualquer caso sempre gostamos que nossas atitudes pareçam mais nobres do que são. Preferimos pensar nestas interações como relacionamentos de assistência, parceria, amizade.

O primeiro passo é compreender que estamos sempre usando as outras pessoas para nos ajudar e promover. Não há nenhuma vergonha nisto, nenhuma necessidade de se sentir culpado. Nem devemos levar para o lado pessoal se percebermos que alguém está nos usando; usar as pessoas é uma necessidade humana e social. Em seguida, pensando nisso, você deve aprender a fazer com que estas alianças necessárias sejam estratégicas, aliando-se a pessoas que podem lhe dar algo que você não consegue sozinho. As alianças que mais o ajudarão são aquelas que envolvem interesses pessoais mútuos.

Pense em suas alianças como pedras para pisar em direção a um objetivo. Ao longo de sua vida, você estará constantemente pulando de uma para outra segundo suas necessidades. Depois de atravessar este determinado rio, elas ficam para trás.

Você precisa ser totalmente realista, pensando com muita antecedência e mantendo a situação o mais fluida possível. O aliado de hoje talvez seja o inimigo de amanhã. Sentimentos não têm lugar neste quadro. Se você é fraco, mas inteligente, pode aos poucos ir pulando para uma posição de força ao quicar de uma para outra aliança. A abordagem oposta é fazer uma aliança-chave e ficar nela, valorizando a confiança e um relacionamento firme. Isto pode funcionar bem em épocas estáveis, mas em períodos de mudanças constantes, que são os mais comuns, pode ser sua ruína: diferenças de interesses surgem inevitavelmente e, ao mesmo tempo, ficará difícil você se desemaranhar de um relacionamento no qual foram investidas tantas emoções. É mais seguro confiar na mudança, manter suas opções em aberto e suas alianças baseadas na necessidade, não em lealdade ou valores em comum.

O segredo deste o jogo é reconhecer quem pode promover melhor seus interesses naquele momento. Não precisa ser a pessoa obviamente mais poderosa em cena, aquela que *parece* ser capaz de fazer o máximo por você; alianças que satisfazem necessidades específicas ou atendem a deficiências particulares são quase sempre as mais úteis. (Grandes alianças entre duas grandes potências em geral são as menos eficazes.)

É uma estratégia comum em corridas de bicicletas não sair na dianteira, mas ficar logo atrás do líder, uma posição que reduz a resistência do vento – o líder enfrenta o vento por você e economiza sua energia. No último minuto, você dispara na frente. Deixar que os outros reduzam a resistência por você e gastem a energia deles em seu benefício é o auge da economia e da estratégia.

Um dos melhores estratagemas no jogo de alianças é começar parecendo ajudar uma

Eu considerava a maioria das pessoas que conhecia única e exclusivamente como criaturas que podia usar como carregadores em minhas viagens movidas à ambição. Quase todos, mais cedo ou mais tarde, ficavam exaustos. Não conseguindo suportar as longas marchas que eu os obrigava a fazer a toda velocidade e em qualquer condição climática, eles morriam pelo caminho. Eu pegava outros. Para atraí-los para meu serviço, eu prometia levá-los para onde eu mesmo estava indo, para aquela estação final de glória à qual os alpinistas querem desesperadamente chegar...

The Secret Life of Salvador Dalí, Salvador Dalí, 1942

O LEÃO E O BURRO SELVAGEM

O leão e o burro selvagem entraram em um acordo para caçar animais selvagens juntos. O leão ia usar sua grande força, enquanto o burro usaria sua velocidade maior. Depois de apanhar um determinado número de animais, o leão os dividiu em três partes. "Vou ficar com a primeira porque sou o rei", ele disse. "A segunda também será minha porque fui seu parceiro na caça. Quanto à terceira parte", ele falou para o burro selvagem, "esta vai lhe causar muitos prejuízos, acredite-me, se não me ceder. E, por falar nisso, suma daqui!" É sempre adequado calcular sua própria força, e não entrar em uma aliança com pessoas mais fortes do que você.

Fábulas, Esopo,
Século VI a.C.

outra pessoa em alguma causa ou luta, com o único propósito de promover seus próprios interesses no final. É fácil encontrar pessoas assim: elas têm uma óbvia necessidade, uma fraqueza temporária que você pode ajudá-las a superar. Agora você as colocou em uma situação de sutil obrigação com você, para você usar como quiser – para dominar os assuntos delas, desviar as energias na direção que você deseja. As emoções que você cria com sua oferta de ajuda cegam a outra pessoa para suas segundas intenções.

A variação no jogo de alianças é fazer o papel de mediador, o centro em torno do qual giram os outros poderes. Enquanto você permanece veladamente autônomo, faz aqueles a sua volta lutarem por sua aliança. A genialidade desta variação é que pelo simples fato de assumir uma posição central você pode exercer um tremendo poder. Seja o que for, você pode manter o poder nesta posição central só pelo fato de não se deixar envolver e ser cortejado por todos. Assim que você entrar em qualquer tipo de aliança duradoura, seu poder fica imensamente reduzido.

Um componente importantíssimo no jogo de alianças é a habilidade para manipular as alianças dos outros e até destruí-las, semeando discórdia entre os adversários de modo que eles lutem entre si. Quebrar as alianças de seu inimigo é tão bom quanto fazê-las você mesmo.

Aqui seu foco é despertar a desconfiança. Faça um parceiro desconfiar do outro, espalhe boatos, lance dúvidas sobre os motivos das pessoas, seja gentil com um aliado para deixar o outro com ciúmes. Divida e conquiste. Vão acusá-lo de ser irresponsável, amoral, traiçoeiro. Não deixe que eles o peguem. O único perigo real é que sua reputação vai acabar impedindo as pessoas de fazerem alianças com você – mas o interesse próprio governa o mundo. Se você é visto como alguém que beneficiou outras pessoas no passado e é capaz de fazer o mesmo no presente, terá pretendentes e parceiros para jogar. Além do mais, você é leal e generoso, desde que exista uma necessidade mútua. E, se você mostra que não pode ser conquistado pela falsa sedução de eterna lealdade e amizade, vai perceber que está sendo tratado com mais respeito. Muitos serão atraídos pelo seu estilo realista e enérgico de jogar.

Imagem: Caminho de Pedras. O rio corre rápida e perigosamente, mas você deve atravessá-lo em algum ponto. Ali estão algumas pedras alinhadas ao acaso que podem levar você até o outro lado. Se demorar muito em cima de uma pedra, você perde o equilíbrio. Se for rápido demais ou saltar uma delas, você escorrega. Em vez disso, você deve pular com agilidade de pedra em pedra e jamais olhar para trás.

Autoridade: Cuidado com as alianças baseadas em sentimentos onde a consciência de boas ações é a única compensação por sacrifícios nobres. – *Otto von Bismarck (1815-98)*

28

DÊ A SEUS INIMIGOS CORDA PARA SE ENFORCAREM
A Estratégia de Manobra para Ganhar Vantagem

O maior perigo na vida não costuma ser o inimigo externo, mas nossos supostos colegas e amigos que fingem trabalhar pela causa comum enquanto se esforçam para nos sabotar e roubar nossas ideias em benefício próprio. Entretanto, na corte em que você atua, você deve manter a aparência de consideração e civilidade, você deve também aprender a derrotar estas pessoas. Trabalhe para instilar dúvidas e inseguranças nesses rivais, fazendo-os pensar demais e agir na defensiva. Seduza-os com sutis desafios que os irritem, detonando uma reação exagerada, um erro constrangedor. A vitória que você está buscando é deixá-los isolados. Faça com que se enforquem com suas próprias tendências autodestrutivas, deixando você sem culpa e limpo.

> **QUANDO DAR CONSELHOS**
> *Em minha opinião (mas compare Motherwell) só existe uma hora certa para o jogador dar conselhos: e isso é quando ele conseguiu uma útil, embora não necessariamente vencedora, liderança. Digamos três a nove no golfe, ou, no bilhar, 65 aos trinta do adversário. A maioria dos métodos aceitos funciona. Por exemplo, no bilhar, a velha frase serve. É mais ou menos assim:*
> *Jogador: Senhores: Vejam... posso dizer uma coisa?*
> *Leigo: O quê?*
> *Jogador: Vai de mansinho.*
> *Leigo: O que quer dizer?*
> *Jogador: Quero dizer – você sabe bater, mas está se esforçando demais o tempo todo. Veja. Caminhe até a bola. Olhe a linha. E bata. Confortável. Fácil. É simples.*
> *Em outras palavras, o conselho deve ser vago, para garantir que não seja útil.*

A ARTE DE MANOBRAR PARA GANHAR VANTAGEM

Durante toda a sua vida você vai se ver combatendo em duas frentes. Primeiro, a frente externa, seus inimigos inevitáveis; a segunda, e menos óbvia, é a frente interna, seus colegas e companheiros de corte, muitos dos quais tramarão contra você, promovendo suas próprias prioridades a sua custa. O pior de tudo é que muitas vezes você terá de lutar nas duas ao mesmo tempo, enfrentando seus inimigos externos enquanto também precisa trabalhar para garantir sua posição interna, um esforço exaustivo e debilitante.

A solução não é ignorar o problema interno (sua vida será curta se fizer isso) ou lidar com ele de uma forma direta e convencional, agindo agressivamente ou formando alianças defensivas. Compreenda: a guerra interna é por natureza não convencional. Visto que as pessoas que estão teoricamente do mesmo lado em geral fazem o possível para manter a aparência de jogadores de equipe trabalhando pelo bem maior, queixar-se delas ou atacá-las só serve para deixar você numa posição ruim e isolada. Mas, ao mesmo tempo, espera-se que estes tipos ambiciosos operem clandestina e indiretamente. Charmosos e cooperativos por fora, nos bastidores são manipuladores e traiçoeiros.

Você precisa adotar uma forma de guerra adequada a estas nebulosas, porém arriscadas, batalhas que acontecem todos os dias. A estratégia não convencional que funciona melhor nesta arena é a arte de manobrar para obter vantagem. Desenvolvida pelos mais entendidos cortesãos da história, ela se baseia em duas premissas simples: primeiro, seus rivais abrigam as sementes de sua própria autodestruição, e segundo, um rival que é levado a se sentir na defensiva e inferiorizado, embora sutilmente, tenderá a agir na defensiva e inferiorizado, em seu próprio detrimento.

As personalidades das pessoas quase sempre se formam em torno de fraquezas, falhas de caráter, emoções incontroláveis. Pessoas carentes, ou que têm um complexo de superioridade, ou que têm medo do caos, ou que querem ordem desesperadamente, desenvolverão uma personalidade – uma máscara social – para encobrir suas falhas e lhes permitir apresentar ao mundo um exterior confiante, agradável e responsável. Mas a máscara é como um tecido encobrindo a cicatriz de uma ferida: toque-a de mau jeito e ela dói. As vítimas começam a perder o controle de suas reações; elas se queixam, agem na defensiva e com atitudes paranoicas, ou mostram uma arrogância que tanto se esforçam para esconder. Por um momento, a máscara cai.

Quando perceber que tem colegas que podem se revelar perigosos – ou já estão na verdade tramando alguma coisa –, você deve tentar, primeiro, colher informações secretas sobre eles. Examine o comportamento cotidiano deles, suas ações no passado, seus erros, em busca de sinais de suas falhas. Com este conhecimento em mãos, você está pronto para o jogo da manobra para ganhar vantagem.

Comece fazendo alguma coisa para alfinetar a ferida subjacente, criando dúvida, insegurança e ansiedade. Pode ser um comentário precipitado ou algo que suas vítimas sintam como um desafio a suas posições dentro da corte. Seu objetivo não é desafiá-las de

Mas, em geral, se administrado de forma adequada, o simples fato de dar conselho basta para colocar o jogador em uma posição praticamente invencível.

THE COMPLETE
UPMANSHIP, STEPHEN
POTTER, 1950

Silêncio. – O jeito de responder a um ataque polêmico muito desagradável para ambas as partes é ficar aborrecido e se calar: pois o atacante em geral interpreta o silêncio como um sinal de desprezo.

FRIEDRICH
NIETZSCHE,
1844-1900

Há outros meios de irritar. Durante a Guerra do Golfo, o presidente Bush pronunciava sempre o nome do líder iraquiano como "SAD-am", que em inglês quer dizer mais ou menos "engraxate". No Capitólio, o ritual de pronunciar errado o nome de um membro é um jeito já comprovado de provocar adversários ou confundir recém-chegados. Lyndon Johnson era mestre nisso. Quando líder da maioria no Senado – relatou J. McIver Weatherford –, Johnson a aplicava aos membros juniores que votavam errado: "Enquanto dava tapinhas nas costas do sujeito e lhe dizia que compreendia, Johnson estraçalhava o nome dele como uma declaração metafórica do que ia acontecer se a deslealdade persistisse."

THE ART OF POLITICAL WARFARE, JOHN PITNEY, JR., 2000

uma forma muito óbvia, mas irritá-las: elas se sentem atacadas, mas não sabem muito bem por que e como. O resultado é uma sensação vaga, incômoda. Um sentimento de inferioridade se insinua.

Você em seguida prossegue com ações secundárias que alimentam as dúvidas delas. Aqui é melhor agir com dissimulação, fazendo com que outras pessoas, a mídia ou simples boatos trabalhem por você. O final do jogo parece simples, mas não é: tendo acumulado inseguranças suficientes para detonar uma reação, você recua e deixa o alvo se destruir sozinho. É preciso fugir à tentação de tripudiar ou dar um último golpe; a esta altura, na verdade, é melhor agir amigavelmente, até oferecer ajuda e conselhos questionáveis. A reação de seus alvos será exagerada. Ou eles atacam com violência, cometem um erro constrangedor ou se revelam demais, ou ficarão exageradamente na defensiva e tentarão de todos os modos agradar os outros, esforçando-se de uma forma por demais óbvia para garantir suas posições e validarem suas autoestimas. Pessoas defensivas inconscientemente afastam os outros.

Neste ponto sua ação inicial, principalmente se for de uma agressividade apenas sutil, será esquecida. O que vai se destacar é a reação exagerada e a humilhação de seus rivais. Suas mãos estão limpas, sua reputação, imaculada. A perda de posição é seu ganho; você está em vantagem e eles, em desvantagem. Se você os tivesse atacado diretamente, sua vantagem seria temporária ou inexistente; na verdade, sua posição política seria precária: seus patéticos, sofredores rivais ganhariam simpatia como suas vítimas e as atenções se concentrariam em você como responsável pela ruína deles. Em vez disso, eles precisam cair sobre suas próprias espadas. Talvez você tenha lhes dado uma ajudinha, mas na medida do possível aos próprios olhos deles, e certamente aos de todo mundo, eles precisam ter apenas a si mesmo para culpar. Isso fará sua derrota duplamente exasperante e duplamente eficaz.

Vencer sem sua vítima saber como isso aconteceu, ou exatamente o que você fez, é o auge da guerra não convencional. Domine a arte e não só você verá que é mais fácil lutar em duas frentes ao mesmo tempo, como seu caminho para os mais altos postos será muito mais suave.

Imagem:
A Máscara. Todo ator no palco superlotado está usando uma máscara – um rosto agradável, atraente, para mostrar à plateia. Se um esbarrão, à primeira vista inocente, de um colega de palco a derruba, revela-se uma expressão bem menos agradável e de que poucos se esquecerão mesmo depois de restaurada.

Autoridade: Com frequência damos a nossos rivais os meios para nossa própria destruição. – *Esopo (século VI a.C.)*

29

MORDA AOS BOCADINHOS
A Estratégia
do *Fait Accompli*

Se você parece ambicioso demais, desperta ressentimentos nas outras pessoas; tomadas de poder excessivas ou ascensões agudas ao topo são perigosas, gerando inveja, desconfiança e suspeita. Muitas vezes a melhor solução é morder aos poucos, engolir pequenos territórios, jogar com a atenção relativamente curta das pessoas. Fique sob o radar e elas não verão seus movimentos. E se virem, talvez seja tarde demais; o território é seu, um fait accompli. *Você pode sempre alegar que agiu em defesa própria. Antes que percebam, você acumulou um império.*

Chien/
Desenvolvimento
(Avanço Gradual)
Este hexagrama
é composto de
Sol (madeira,
penetração) acima,
isto é, sem, e Ken
(montanha, silêncio)
abaixo, isto é, dentro.
Uma árvore sobre
uma montanha
cresce devagar de
acordo com a lei
de seu ser e, por
conseguinte, se ergue
firme em suas raízes.
Isto dá ideia de um
desenvolvimento
que se dá
gradativamente,
passo a passo.
Os atributos dos
trigramas também
apontam para isto:
dentro é silêncio,
que protege contra
ações precipitadas,
e fora é penetração,
que torna possível o
desenvolvimento
e o progresso.

I CHING, CHINA, C.
SÉCULO VIII A.C.

CHAVES PARA A GUERRA

As pessoas, em sua maioria, são conservadoras por natureza. No desespero de conservarem o que têm, elas temem as consequências imprevistas e situações que o conflito inevitavelmente gera. Elas odeiam confrontos e tentam evitá-los.

Suponha que existe alguma coisa que você quer ou precisa para sua segurança e poder. Pegue-a sem discutir ou avisar e você dá a seus inimigos uma só opção, lutar ou aceitar que perderam, e aí o deixam em paz. O que você pegou, e sua atitude unilateral ao fazer isso, vale o aborrecimento, o custo e os riscos de uma guerra? O que custa mais, a guerra ou a perda? Pegue algo de valor real e eles terão de escolher com cuidado; eles têm uma decisão importante a tomar. Pegue algo pequeno e marginal, entretanto, e é quase impossível para seus adversários escolherem a batalha. É provável que existam muito mais razões para deixar você sossegado do que para lutar por algo insignificante. Você jogou com os instintos conservadores do inimigo, que em geral são mais fortes do que os aquisitivos. E não demora muito para sua posse deste bem se tornar um *fait accompli*, parte do *status quo*, no qual é sempre melhor não mexer.

Mais cedo ou mais tarde, como parte desta estratégia, você dá mais uma mordidinha. Desta vez seus rivais estão mais atentos; eles estão começando a ver um padrão de comportamento. Mas o que você pegou é mais uma vez uma coisa pequena, e mais uma vez eles têm de se perguntar se vale a pena a dor de cabeça. Vá beliscando apenas o que você quer e você jamais desperta raiva, medo ou

desconfiança o bastante para fazer as pessoas superarem suas naturais relutâncias em partir para a briga. Deixe transcorrer um tempo suficiente entre as mordidas e você também se aproveitará da brevidade da atenção das pessoas.
O segredo da estratégia do *fait accompli* é agir rápido e sem discutir. Se você revela suas intenções antes de agir, vai se expor a uma porção de críticas, análises e perguntas.
No mundo social, como na natureza, qualquer coisa grande e estável cresce lentamente. A estratégia gradual é o antídoto perfeito para nossa natural impaciência: ela nos faz focalizar algo pequeno e imediato, uma primeira mordida, depois como e onde uma segunda mordida pode nos aproximar melhor de nosso objetivo final. Ela nos força a pensar em termos de um processo, uma série de passos e ações conectados, não importa se pequenos.
Ao mascarar suas manipulações, você não pode exagerar. Assim, ao dar uma mordida, ainda que pequena, demonstre estar agindo em defesa própria. Também ajuda parecer que está sendo vítima de uma injustiça. Dê a impressão de que seus objetivos são limitados fazendo uma pausa substancial entre as mordidas – explorando a falta de concentração das pessoas – enquanto proclama para todo mundo que você é uma pessoa de paz. Na verdade, seria o máximo da sabedoria dar uma mordida um pouco maior de vez em quando e depois devolver uma parte do que pegou. As pessoas veem apenas sua generosidade e suas ações limitadas, não o império cada vez maior que você está acumulando.

A ambição tanto rasteja quanto se eleva.

EDMUND BURKE, (1729-97)

Todos os conceitos nascidos da impaciência e visando a obter vitória rápida só podem ser erros grosseiros... Foi necessário acumular milhares de pequenas vitórias para transformá-las em um grande sucesso.

GENERAL VÕ NGUYÊN GIÁP, 1911-

Imagem:
A Alcachofra. À primeira vista é pouco apetitosa, até repulsiva, com a mísera matéria comestível em seu exterior duro. A recompensa, entretanto, surge ao dividi-la devorando folha por folha. Suas folhas lentamente se tornam macias e mais saborosas, até que você chega a seu suculento coração.

Autoridade: Multiplicar pequenos sucessos é exatamente construir um tesouro após outro. Com o tempo fica-se rico sem saber como. – *Frederico, o Grande (1712-86)*

30

PENETRE EM SUAS MENTES
Estratégias de Comunicação

A comunicação é um tipo de guerra; seu campo de batalha, as mentes resistentes e defensivas das pessoas a quem você quer influenciar. O objetivo é avançar, penetrar em suas defesas e ocupar suas mentes. Qualquer outra coisa é comunicação ineficaz e discurso autoindulgente. Aprenda a infiltrar suas ideias por trás das linhas inimigas, enviando mensagens por meio de pequenos detalhes, seduzindo as pessoas para que cheguem às conclusões que você deseja e pensem que fizeram isso sozinhas. Algumas você pode enganar disfarçando suas ideias extraordinárias em formas ordinárias; outras, mais resistentes e insensíveis, precisam ser despertadas com uma linguagem exagerada cheia de novidades. A qualquer custo, evite a linguagem estática, moralizante e excessivamente pessoal. Faça de suas palavras uma centelha para a ação, não para a contemplação passiva.

> *O modo mais superficial de tentar influenciar os outros é com um discurso que não tem nada de real por trás. A influência causada por esta mera tagarelice deve necessariamente permanecer insignificante.*
>
> I CHING, CHINA, C. SÉCULO VIII A.C.

> *Ainda mais tolo é quem se apega a palavras e frases e assim tenta ser entendido. É como tentar bater na lua com uma vareta, ou esfregar o sapato porque sente uma coceira no pé. Não tem nada a ver com a Verdade.*
>
> MUMON, MESTRE ZEN, 1183-1260

CHAVES PARA A GUERRA

Há séculos as pessoas buscam a fórmula mágica que lhes dê o poder de influenciar os outros com palavras. Esta busca tem sido muito difícil. As palavras têm qualidades paradoxais, estranhas: dê conselhos às pessoas, por exemplo, não importa se bons ou não, e você estará sugerindo que sabe mais do que elas. Na medida em que isto atinge as inseguranças delas, suas sábias palavras podem ter o mero efeito de entrincheirá-las exatamente naqueles hábitos que você quer mudar. Uma vez tendo suas palavras se espalhado pelo mundo, sua audiência fará o que quiser com elas, interpretando-as segundo as suas próprias ideias preconcebidas.

O discurso normal, e até a boa literatura e as belas-artes, em geral, só atingem as pessoas na superfície. Nossas tentativas de nos comunicarmos com elas são absorvidas por todo o barulho que enche seus ouvidos todos os dias. A capacidade de atingir as pessoas mais profundamente, de alterar suas ideias e comportamento desagradável, às vezes é crítica.

Você precisa prestar atenção não apenas ao conteúdo de sua comunicação, mas à forma – o modo como você conduz as pessoas às conclusões que deseja, em vez de lhes transmitir a mensagem com uma porção de palavras. Se você quer fazer com que pessoas com baixa autoestima se sintam melhor a respeito de si mesmas, o elogio tem um efeito superficial; em vez de elogiar, você precisa incentivá-las a realizar algo mais tangível, dando-lhes uma experiência real. Isso se traduzirá em uma sensação muito mais profunda de confiança. Essa comunicação indireta tem o poder de penetrar fundo por trás das defesas das pessoas.

Ao falar usando esta nova linguagem, aprenda a expandir seu vocabulário além da comunicação explícita. O silêncio, por exemplo, tem um grande efeito; calado, sem responder, você diz muita coisa; sem mencionar algo sobre o qual as pessoas esperam que você fale, você chama atenção para esta elipse, faz com que ela comunique. Similarmente, os detalhes em um texto, discurso ou obra de arte têm grande capacidade expressiva. Em qualquer época é perigoso expressar ideias contrárias à natureza da opinião pública ou ofender noções do que é correto. É melhor parecer se conformar com estas normas, portanto, papagueando a sabedoria aceita, inclusive a conclusão moral adequada.

Você pode usar detalhes aqui e ali para dizer outra coisa. Se você está escrevendo um romance, por exemplo, pode colocar suas perigosas opiniões na boca do vilão, mas expressá-las com tanta energia e colorido que elas se tornem mais interessantes do que os discursos do herói. Nem todos vão compreender suas alusões e demãos de significados, mas alguns certamente sim, pelo menos aqueles com bom discernimento; e mensagens confusas excitarão sua audiência: formas indiretas de expressão – silêncio, alusão, detalhes falsificados, erros intencionais – fazem as pessoas se sentirem como se estivessem participando, descobrindo sozinhas o sentido. Quanto mais essas pessoas participarem do processo de comunicação, mais profundamente elas assimilarão as ideias nele contidas.

Ao colocar esta estratégia em prática, evite o erro comum de se esforçar para

O rei da Lídia, Creso, estava pensando muito em Miltíades, portanto, quando soube de sua captura, enviou uma ordem ao povo de Lampsacus para libertá-lo; se recusassem, ele estava determinado, acrescentou, a "abatê-los como a um pinheiro". O povo da torre ficou atarantado com a ameaça de Creso e sem entender direito o que queria dizer abatido como a um pinheiro, até que finalmente um certo homem idoso começou a entender: o pinheiro, ele explicou, é o único tipo de árvore que não lança novos brotos depois de derrubado – abata um pinheiro e ele morre totalmente. A explicação deixou os lampsacenos tão assustados com Creso que libertaram Miltíades.

HISTÓRIA, HERÓDOTO, 484-32 A.C.

conseguir a atenção das pessoas usando uma fórmula que seja chocante ou estranha. A atenção que você conseguir desse modo será superficial e efêmera. Ao usar uma forma que deixe de fora um público amplo, você estreita sua audiência; você vai acabar pregando para os convertidos. Usar uma forma convencional é mais eficaz no longo prazo, porque atrai uma audiência maior. Uma vez tendo esta audiência, você pode insinuar seu verdadeiro (e até chocante) conteúdo através de detalhes e subtextos.

Na guerra, quase tudo é julgado por seu resultado. Se um general lidera seu exército para a derrota, não importam suas nobres intenções, nem a possibilidade de fatores imprevistos o terem desviado do curso. Ele perdeu; não há desculpas. Este padrão pode ser aplicado à política: o importante não é o que as pessoas dizem ou pretendem, mas os resultados de suas ações, se o poder aumenta ou diminui. Fatos e resultados não mentem. Você precisa aprender a aplicar o mesmo barômetro a suas tentativas de comunicação e às das outras pessoas.

A habilidade para atingir as pessoas e alterar as opiniões delas é um assunto sério, tão sério e estratégico quanto a guerra. Você precisa ser mais severo consigo mesmo e com os outros: o fracasso na comunicação é culpa não da audiência burra, mas do comunicador sem estratégia.

Imagem: O Estilete. Ele é longo e pontudo. Ele não precisa ser afiado. Em sua forma reside a perfeição como um instrumento para penetrar de um modo limpo e profundo. Seja em uma estocada pelo flanco, pelas costas ou atravessando o coração, seu efeito é fatal.

Autoridade: Não posso parir a sabedoria e aquilo de que muitos me acusam, que ao questionar os outros eu mesmo não revelo nada de sábio devido a minha falta de sabedoria, está certo. A razão é a seguinte: Deus me força a servir de parteira e me impede de dar à luz. – *Sócrates (470-399 a.C.)*

31

DESTRUA DE DENTRO PARA FORA
A Estratégia do Fronte-Interior

Só se pode realmente travar uma guerra com um inimigo que se mostra. Ao se infiltrar nas fileiras de seus adversários, trabalhando de dentro para fora para derrubá-los, você não lhes dá nada para ver ou a que reagir – a suprema vantagem. De dentro para fora, você também fica conhecendo as fragilidades deles e cria possibilidades para semear divergências internas. Portanto, oculte suas intenções hostis. Para pegar aquilo que você quer, não lute contra quem o tem, mas junte-se a eles – depois, lentamente, tome posse dessa coisa ou espere pelo momento de encenar um coup-d'état. *Nenhuma estrutura permanece de pé por muito tempo se está podre por dentro.*

Durante todas as suas viagens revolucionárias e missionárias, Hasan [líder dos ismaelitas de Nizari] estava em busca de uma fortaleza inexpugnável de onde conduzir sua resistência ao império Seljuk. Por volta de 1088, ele finalmente escolheu o castelo de Alamut, construído em um cume estreito sobre um alto rochedo no coração das montanhas Elburz, em uma região conhecida como o Rudbar. O castelo dominava um vale cultivado cercado, com 48 quilômetros de comprimento e cinco de largura em sua parte mais larga, aproximadamente 1.800 metros acima do nível do mar. Várias aldeias pontilhavam o vale, e seus habitantes eram muito receptivos com relação à ascética crença de Hasan. O castelo era acessível apenas com grande dificuldade por uma estreita garganta

CHAVES PARA A GUERRA

A forma mais comum de defesa em uma guerra à moda antiga era a fortaleza ou cidade murada, e líderes militares planejaram estratégias durante séculos para tomar essas estruturas. A estratégia convencional contra a fortaleza era escalar suas muralhas ou abrir brechas usando engenhocas próprias para cercos e aríetes. Quase sempre isso significava primeiro cercá-lo. Os habitantes da cidade aos poucos morriam de fome e fraqueza, possibilitando no final a abertura de brechas nas muralhas e a conquista do castelo.

Ao longo dos séculos, entretanto, certos estrategistas iluminados descobriram um jeito diferente de derrubar as muralhas. A estratégia deles baseava-se em uma simples premissa: a aparente resistência da fortaleza é uma ilusão, pois atrás de seus muros há pessoas que estão presas, com medo e até desesperadas. Os líderes da cidade essencialmente esgotaram suas opções; só podem depositar sua fé na arquitetura da fortaleza. Levantar cerco a estes muros é confundir aparência de força com realidade. Se na verdade as paredes estão ocultando uma grande fragilidade lá dentro, então a estratégia adequada é contorná-las e mirar no interior. Isto pode ser feito literalmente, cavando túneis sob os muros, minando a resistência delas – uma estratégia militar convencional. Um jeito melhor, mais traiçoeiro, é infiltrando pessoas lá para dentro ou trabalhar com os habitantes da cidade que estão descontentes. Isto é conhecido como "abrir um fronte interno" – encontrar um grupo lá de dentro que trabalhe a seu favor espalhando insatisfação e que no final acabe entregando a fortaleza em suas mãos, poupando a você um longo cerco.

Aqui, o princípio básico é o de que é mais fácil derrubar uma estrutura – uma parede, um grupo, uma mente defensiva – de dentro para fora. Quando alguma coisa começa a apodrecer ou se desfazer pelo lado de dentro, desmorona sob seu próprio peso – um modo muito melhor de derrubá-lo do que socando suas paredes. Os confederados do lado de dentro fornecerão informações secretas valiosas sobre as vulnerabilidades do inimigo. Eles em silêncio e sutilmente o sabotarão. Espalharão divergência e divisões internas. A estratégia pode enfraquecer o inimigo até o ponto em que você consegue acabar com ele de um só golpe penetrante; ela pode também fazer o inimigo cair sozinho.

Uma variação dessa estratégia é fazer amizade com seus inimigos, insinuando-se em seus corações e mentes. Como amigo de seus alvos, você naturalmente ficará sabendo de suas necessidades e inseguranças, o interior mole que eles tanto se esforçam para ocultar. As defesas deles baixam com um amigo.

Se existe alguém do lado de dentro de quem você precisa se livrar ou que deseja frustrar, a tendência natural é considerar a possibilidade de conspirar com outras pessoas que sentem a mesma coisa. Na maioria das conspirações, o objetivo é alguma ação em grande escala para derrubar o líder e tomar o poder. Os riscos são grandes, motivo pelo qual as conspirações são com frequência difíceis e perigosas. Não importa o quanto você confie em seus companheiros conspiradores, é impossível saber ao certo o que se passa em suas cabeças.

Existem algumas precauções que você pode tomar. Mantenha o número de conspiradores o menor possível. Envolva-os nos de-

do rio Alamut... Hasan empregou uma estratégia cautelosa para tomar o castelo, que fora cedida a seu atual proprietário shiita, chamado Mahdi, pelo sultão de Seljuk, Malikshah. Primeiro, Hasan enviou seu fiel dai Husayn Qai-ni e dois outros para conquistarem convertidos nas aldeias vizinhas. Em seguida, muitos dos residentes e soldados de Alamut foram secretamente convertidos ao ismaelismo. Finalmente, em setembro de 1090, o próprio Hasan foi secretamente introduzido no castelo. Quando Mahdi percebeu que Hasan havia de fato dominado em silêncio sua fortaleza, saiu pacificamente...

THE TEMPLARS AND THE ASSASSINS, JAMES WASSERMAN, 2001

> *Um príncipe não precisa se preocupar muito com conspirações se o povo está bem disposto, mas se é hostil e o odeia, então deve temer tudo e todos.*
>
> Nicolau Maquiavel,
> 1469-1527

talhes da trama somente o necessário; quanto menos eles souberem, menos terão para dar com a língua nos dentes. Revelar datas e horários de seu plano o mais tarde possível não lhes dará tempo para recuar.

Finalmente, o moral tem um papel importantíssimo em qualquer guerra, e é sempre prudente trabalhar para minar o moral das tropas inimigas. Você pode tentar isto pelo lado de fora, por meio de propaganda, mas isso em geral tem o efeito oposto, reforçando a coesão de soldados e civis diante de uma força estrangeira tentando conquistá-los. É bem mais eficaz encontrar simpatizantes dentro de suas fileiras, que espalharão o descontentamento como uma doença. Usar uma frente interna para espalhar discórdia em geral é o que basta para lhe dar a vantagem necessária para você derrotar o inimigo.

Imagem: O Cupim. Bem no fundo da estrutura da casa, o cupim silenciosamente devora a madeira, seus exércitos pacientemente furam vigas e suportes. O trabalho passa despercebido, mas não o resultado.

Autoridade: A pior [política militar é] atacar cidades muradas... Se seu comandante, incapaz de controlar seu temperamento, envia suas tropas sobre as muralhas como um enxame, um homem em cada três morrerá e ainda assim você não terá tomado a cidade... Portanto, o especialista no uso das tropas subjuga as forças inimigas sem entrar em combate, toma as cidades muradas do inimigo sem lançar um ataque. – *Sun Tzu (século IV a.C.)*

32

DOMINE ENQUANTO PARECE SE SUBMETER
A Estratégia da Agressão Passiva

Qualquer tentativa para curvar as pessoas à sua vontade é uma forma de agressão. Em um mundo onde as considerações políticas são soberanas, a forma mais eficaz de agressão é a que melhor se oculta: agressão por trás de uma aparência complacente, até amorosa. Para seguir esta estratégia passivo-agressiva, você deve parecer estar de acordo com as pessoas sem oferecer resistência. Mas na verdade você domina a situação. Você não se compromete, é até um pouco indefeso, mas isso só significa que tudo gira em torno de você. Algumas pessoas podem perceber o que você está pretendendo e ficar com raiva. Não se preocupe – apenas certifique-se de disfarçar bem sua agressão para poder negar que ela existe. Faça isso corretamente e elas se sentirão culpadas por acusar você. Agressão passiva é uma estratégia popular; você precisa aprender a se defender das vastas legiões de guerreiros passivo-agressivos que o atacarão em sua vida diária.

É impossível vencer uma competição com um adversário impotente, visto que você não ganha nada com a vitória. Seus golpes não são devolvidos, de modo que você só sente culpa por ter atacado enquanto ao mesmo tempo experimenta a desconfortável desconfiança de que a impotência é calculada.

STRATEGIES OF PSYCHOTHERAPY, JAY HALEY, 1963

CHAVES PARA A GUERRA

Nós, humanos, temos uma limitação em nossa capacidade de raciocínio que nos causa infinitos problemas: quando pensamos em alguém ou em alguma coisa que nos aconteceu, em geral optamos pela interpretação mais simples, mais fácil de digerir. Uma pessoa conhecida é boa ou má, agradável ou mesquinha, suas intenções são nobres ou nefastas; um acontecimento é positivo ou negativo, benéfico ou danoso; estamos felizes ou tristes. A verdade é que nada na vida é assim tão simples. As pessoas são invariavelmente um misto de boas e más qualidades, forças e fragilidades. Suas intenções ao fazerem alguma coisa podem ser as de nos ajudar e prejudicar ao mesmo tempo, um resultado da ambivalência do que sentem por nós. Até o evento mais positivo tem um lado negativo.

Esta nossa tendência a julgar as coisas em termos simples explica por que a agressão passiva é tão diabolicamente eficaz como estratégia e por que tantas pessoas a usam – consciente e inconscientemente. Por definição, as pessoas que agem de forma passivo-agressiva estão sendo simultaneamente passivas e agressivas. Por fora, elas são complacentes, amigas, obedientes, até amorosas. Ao mesmo tempo, por dentro, elas tramam e tomam atitudes hostis. A agressão delas é quase sempre bastante sutil – pequenas sabotagens, observações destinadas a irritar você. Ela também pode ser gritantemente danosa.

Quando somos as vítimas deste comportamento, achamos difícil imaginar que ambas as coisas estejam acontecendo ao mesmo tempo. Conseguimos aceitar a ideia de que alguém possa ser gentil um dia e desagradável no outro; chama-se isso de mau humor. Mas ser desagradável e gentil simultaneamente – isso nos confunde. Tendemos a tomar como realidade o exterior passivo destas pessoas, nos deixando envolver emocionalmente por sua aparência agradável, não ameaçadora. Se notamos alguma coisa que não é lá muito correta, que embora pareçam amigos talvez estejam fazendo algo hostil, ficamos confusos. Nossa confusão dá ao guerreiro passivo-agressivo um grande poder de manipulação sobre nós.

Existem dois tipos de agressão passiva. O primeiro é uma estratégia consciente. O segundo é um comportamento semiconsciente ou até inconsciente que as pessoas usam o tempo todo em questões triviais e não tão triviais do dia a dia. Você talvez se sinta tentado a perdoar este segundo tipo passivo-agressivo, que parece não perceber os efeitos de suas atitudes ou conseguir deixar de se comportar assim, mas as pessoas em geral compreendem o que estão fazendo muito melhor do que você imagina, e é mais do que provável que você se deixe seduzir por sua aparência amigável e desamparada. Costumamos ser muito tolerantes com esta segunda variedade.

O segredo para usar a agressão passiva como uma estratégia consciente, positiva, é a fachada que você apresenta a seus inimigos. Eles não devem jamais conseguir detectar os pensamentos sombrios, rebeldes que existem dentro de você.

O uso da agressão passiva tem raízes profundas na estratégia militar, no que pode se chamar de "falsa rendição". Na guerra, seus inimigos não podem jamais ler seus pensamentos. Eles devem se guiar por sua aparên-

Às vezes é preciso lidar com inimigos ocultos, influências intangíveis que se retiram furtivamente para cantos escuros e, deste esconderijo, afetam as pessoas por sugestão. Neste caso, é necessário buscar as origens dessas coisas nos recessos mais secretos, a fim de determinar a natureza das influências com as quais se deve lidar... A própria anonimidade de tal trama requer um esforço especialmente vigoroso e infatigável, mas vale a pena. Pois quando essas influências impalpáveis são trazidas à luz e registradas, perdem seu poder sobre as pessoas.

I CHING, CHINA, C. SÉCULO VIII A.C.

Naqueles dias, força e armas prevaleciam; mas agora a esperteza da raposa vigora por toda a parte, tanto que é difícil encontrar um homem fiel e virtuoso.

Rainha Elizabeth I,
1533-1603

cia, interpretando os sinais que você emite para decifrar o que está pensando e planejando. Enquanto isso, a rendição de um exército tende a ser seguida por uma torrente de emoções e uma redução da vigilância por parte de todos. O vencedor ficará de olho nas tropas derrotadas, mas, exausto pelo esforço necessário para a vitória, ficará imensamente tentado a ser menos cauteloso do que antes. Um estrategista inteligente, portanto, pode fingir uma rendição – anunciar que está derrotado de corpo e alma. Não vendo indícios do contrário, e incapaz de ler seus pensamentos, o inimigo vai tomar sua submissão como real. Agora o falso rendido tem tempo e espaço para armar novas hostilidades.

Na guerra, como na vida, o falso rendido depende da aparência ininterrupta de submissão. Para que isto funcione, você precisa fazer a mesma coisa; dê ênfase a sua fraqueza, a seu desânimo, a seu desejo de fazer amizade – uma manobra emocional com grande poder de distrair. Você também precisa ser meio ator. Qualquer sinal de ambivalência arruinará o efeito.

Lembre-se: não é prudente parecer ansioso demais por poder, riqueza ou fama. Sua ambição talvez o leve até o topo, mas você não vai agradar e vai descobrir que sua impopularidade é um problema. Melhor disfarçar suas manobras pelo poder: você não o quer, mas está sendo obrigado a aceitar. Ser passivo e fazer os outros virem até você é uma brilhante forma de agressão.

Atos sutis de sabotagem fazem maravilhas na estratégia passivo-agressiva porque você pode camuflá-los sob sua fachada amigável, complacente.

A agressão passiva é tão comum no dia a dia que você precisa saber jogar na defesa e no ataque. A todo custo use a estratégia você mesmo; ela é eficaz demais para escapar de seu arsenal. Mas você também precisa saber como lidar com esses tipos passivo-agressivos semiconscientes tão comuns no mundo moderno, reconhecendo o que eles pretendem antes que o irritem, sendo capaz de se defender desta estranha forma de ataque.

Um colega é afetuoso em sua frente, mas diz coisas pelas costas que podem lhe causar problemas. Você permite que entre em sua vida alguém que em seguida lhe rouba algo de valor. Um funcionário assume em seu lugar uma tarefa importante, mas a cumpre devagar e mal. Estes tipos causam danos, mas são excelentes em evitar qualquer tipo de culpa. Seu *modus operandi* é deixar em dúvida se foram eles que agiram de modo agressivo; nunca a culpa é deles. De algum modo eles são inocentes espectadores, impotentes, as verdadeiras vítimas em toda a dinâmica. Suas recusas em assumir responsabilidade são confusas: você suspeita de que eles fizeram alguma coisa, mas não pode provar, ou, pior, se eles são *realmente* hábeis, você se sente culpado até de pensar mal deles. A culpa que você sente é um sinal do poder que eles têm sobre você.

Para derrotar o guerreiro passivo-agressivo, você deve primeiro fazer um trabalho consigo mesmo. Isto significa estar muito atento à tática de desvio de culpa, no momento em que ela está acontecendo. Reprima qualquer sentimento de culpa que ela possa estar começando a fazer você sentir. Estes tipos podem ser muito insinuantes, para atraí-lo para sua teia, aproveitando-se de suas inseguranças. Quase sempre são suas próprias fragilidades que o sugam para dentro da dinâmica passivo-agressiva. Cuidado com isto.

Segundo, quando perceber que está lidando com a variedade perigosa, o movimento mais inteligente é se soltar, na melhor das hipóteses tirar essa pessoa de sua vida ou, pelo menos, não explodir e fazer uma cena, tudo isso só vai servir aos interesses do outro. Você precisa manter a calma.

A contraestratégia mais eficaz com os passivo-agressivos é reagir com sutileza e dissimuladamente, neutralizando seus poderes. Você não deve jamais dar aos passivo-agressivos tempo e espaço para operarem. Deixe-os criar raízes e eles encontrarão os meios mais maliciosos para fazerem o que querem com você. Sua melhor defesa é ser sensível a qualquer manifestação passivo-agressiva daqueles que o cercam e manter sua mente o mais livre possível de sua insidiosa influência.

Imagem: O Rio. Ele flui com transbordando e criando darios. Tente represá-lo e você só energia confinada e aumenta vez disso, inverta seu curso, cacom que seu poder sirva a seus muita força, às vezes nos extraordináacrescenta a sua seu risco. Em nalize-o, faça propósitos.

Autoridade: Assim como o pingo d'água fura a pedra, o fraco e submisso subjuga o firme e forte.
– *Sun Haichen,* Wiles of War *(1991)*

33

SEMEIE INCERTEZA E PÂNICO COM ATOS DE TERROR
A Estratégia da Reação em Cadeia

O terror é a melhor maneira de paralisar a vontade de resistir e tornar a pessoa incapaz de planejar uma reação estratégica. Esse poder é obtido com atos esporádicos de violência que criam uma constante sensação de ameaça, incubando um medo que se espalha por toda a esfera pública. O objetivo em uma campanha de terror não é sair vencedor no campo de batalha, mas causar o máximo de caos e provocar o outro lado para uma reação exagerada de desespero. Fundindo-se invisivelmente na população, talhando suas ações para a mídia de massa, os estrategistas do terror criam a ilusão de que estão em toda parte e, portanto, que são muito mais poderosos do que são na realidade. É uma guerra de nervos. As vítimas do terror não devem sucumbir ao medo ou mesmo à raiva; para tramarem a contraestratégia mais eficaz, as vítimas do terror devem permanecer equilibradas. Diante de uma campanha de terror, a racionalidade de uma pessoa é a última linha de defesa.

"Irmãos", diz um poeta ismaelita, "quando chega a hora do triunfo, com a boa sorte de ambos os mundos como nossa companheira, então por um único guerreiro a pé um rei pode ser aterrorizado, embora possua mais de 100 mil cavalarianos."

Citado em *The Assassins*, Bernard Lewis, 1967

CHAVES PARA A GUERRA

No decorrer de nossas vidas diárias, estamos sujeitos a medos de vários tipos. Estes medos em geral estão relacionados com algo específico: alguém pode nos prejudicar, está surgindo um determinado problema, doenças nos ameaçam, e até a própria morte. Na luta contra um medo terrível, nossa força de vontade fica momentaneamente paralisada enquanto contemplamos as coisas ruins que podem nos acontecer. Se esta condição durar muito tempo ou for intensa demais, vai tornar a vida insuportável, então procuramos formas de evitar estas ideias e tranquilizar nossos temores. Vamos recorrer, quem sabe, às distrações do cotidiano: trabalho, rotinas sociais, atividades com amigos. Religião ou algum outro sistema de crença, como fé na tecnologia ou ciência, também pode oferecer esperança. Estas distrações e crenças passam a ser o chão sob nossos pés, mantendo-nos eretos e capazes de caminhar sem a paralisia provocada pelo medo.

Em determinadas circunstâncias, entretanto, este chão pode ruir debaixo de nós, e então não há nada que possamos fazer para recuperar o equilíbrio. O que nos preocupa mais é o futuro incerto, o medo de que coisas mais terríveis estejam para acontecer e que possamos em breve sofrer alguma tragédia imprevisível. O medo se torna crônico e intenso, nossas mentes ficam dominadas por todos os tipos de pensamentos irracionais. Os medos específicos se tornam mais gerais. Em um grupo, o pânico se estabelece.

Em essência, isto é terror: um medo intenso, avassalador que não podemos controlar ou de que não podemos nos livrar do modo normal. Há muitas incertezas, coisas ruins demais que podem nos acontecer. É uma lei da guerra e da estratégia que, na busca de uma vantagem, qualquer coisa será testada e experimentada. E assim é que grupos e indivíduos, vendo o imenso poder do terror sobre os seres humanos, encontraram um jeito de usá-lo como estratégia. Embora o terror como estratégia possa ser utilizado por grandes exércitos e, na verdade, por Estados inteiros, ele é praticado com mais eficiência por aqueles menos numerosos. Sendo poucos, eles não podem ter esperança de travar uma guerra convencional ou mesmo uma campanha de guerrilha. O terror é sua estratégia de último recurso. Ao enfrentarem um exército muito maior, quase sempre estão desesperados, e possuem uma causa com a qual estão extremamente comprometidos. Considerações éticas empalidecem em comparação. E criar o caos faz parte da estratégia deles.

Esta assimetria leva a guerra a seu ápice: o menor número de pessoas travando guerra contra um enorme poder, transformando sua pequenez e desespero em uma arma potente. O dilema que surge com todos os tipos de terrorismo, e a razão pela qual ele atrai tanta gente e é tão potente, é que os terroristas têm muito menos a perder do que os exércitos unidos contra eles, e muito a ganhar com o terror.

Em essência, os terroristas chutam uma pedra para iniciar uma avalanche. Se não acontece nenhum deslizamento de terra, pouco se perde, exceto talvez suas próprias vidas, que eles estão dispostos a sacrificar em sua dedicação à causa. Mas se daí decorrerem

Quando um homem aprendeu do fundo de seu coração o que significa medo e tremor, está protegido contra qualquer terror produzido por influências externas. Que o trovão reboe e espalhe terror centenas de quilômetros ao redor: ele permanece tão composto e reverente em espírito que o ritual de sacrifício não é interrompido. Este é o espírito que deve animar líderes e governantes de homens – uma profunda seriedade interior da qual todos os terrores externos se desviam inofensivos.

I CHING, CHINA, C. SÉCULO VIII A.C.

ações violentas e caos, eles têm um grande poder para influenciar os acontecimentos. A capacidade de efetuar alguma mudança, de alcançar um objetivo limitado, é que torna o terrorismo tão atraente, especialmente para aqueles que de outra forma estão impotentes. O terrorismo em geral nasce de sentimentos de fraqueza e desespero, combinados com uma convicção de que a causa que está sendo defendida, seja pública ou pessoal, vale tanto a provocação quanto o sofrimento de qualquer tipo de dano. Um mundo em que as faces do poder são quase sempre grandes e aparentemente invulneráveis só torna a estratégia mais atraente. Neste sentido, o terrorismo pode se tornar uma espécie de estilo, um tipo de comportamento que se infiltra na própria sociedade.

Mesmo com todas as suas forças, o terrorismo também tem limitações que levaram à derrocada de suas campanhas violentas, e aqueles que a ele se opõem devem saber explorar isso. A principal fraqueza da estratégia terrorista é a ausência de laços com o povo ou com uma base política real. Frequentemente isolado, vivendo na clandestinidade, terroristas são inclinados a perder o contato com a realidade, superestimando seu próprio poder e perdendo a mão em suas ações. Embora o uso da violência precise ser estratégico para obter sucesso, sua alienação do que é público torna mais difícil que mantenha um senso de equilíbrio. Acentuar o isolamento dos terroristas e negar a eles uma base política deve ser parte de qualquer contraestratégia efetiva contra eles.

Pessoas que se sentem fracas e impotentes com frequência ficam tentadas a explodir

33 ESTRATÉGIAS DE GUERRA

de raiva ou se comportar de modo irracional, o que deixa os outros ao redor em suspenso, sem saber quando será o próximo ataque. Estes surtos de mau humor, como outros tipos de terror mais sérios, podem deixar os seus alvos arrepiados, minando a vontade de resistir; quando as mais simples negociações com estas pessoas são potencialmente tão desagradáveis, por que lutar? Por que não ceder simplesmente? Um temperamento violento ou uma atitude esquisita, vulcânica ou surpreendente pode também criar a ilusão de poder, disfarçando verdadeiras fraquezas e inseguranças. E uma reação emocional ou descontrolada só beneficia a outra pessoa, criando o tipo de caos e atenção de que ela se alimenta. Se tiver de lidar com um cônjuge ou chefe terrorista, é melhor revidar de um modo determinado, mas sem grandes paixões – a resposta que esses tipos menos esperam.

Para combater o terrorismo é sempre tentador recorrer a uma solução militar, combater violência com violência, mostrando ao inimigo que sua vontade não foi abalada e que qualquer ataque no futuro da parte deles vai lhes sair muito caro. O problema aqui é que terroristas por natureza têm muito menos a perder do que você. Um contragolpe pode feri-los, mas não vai detê-los; na verdade, pode até lhes dar mais coragem e ajudá-los a conquistar mais recrutas. Os terroristas estão com frequência dispostos a passar anos derrubando você. Atingi-los com um contra-ataque dramático é apenas mostrar sua impaciência, sua necessidade de resultados imediatos, sua vulnerabilidade de reações emocionais – todos os sinais, não de força, mas de fraqueza.

Não podemos mais conceber a ideia de um cálculo simbólico, como no pôquer ou no potlatch: *mínimo de risco, máximo de resultado. Isto é exatamente o que os terroristas fizeram com seu ataque a Manhattan, que ilustra muito bem a teoria do caos: um choque inicial, provocando incalculáveis consequências.*

O ESPÍRITO DO TERRORISMO, JEAN BAUDRILLARD, 2002

Devido à extrema assimetria de forças em jogo na estratégia terrorista, a solução militar é quase sempre a menos eficaz. Terroristas são diáfanos, espalhados, ligados não fisicamente, mas por alguma ideia radical e fanática.

O escritor francês Raymond Aron define o terrorismo como um ato de violência cujo impacto psicológico excede em muito o físico. Esse impacto psicológico, entretanto, traduz-se então em algo físico – pânico, caos, divisão política –, tudo que faz os terroristas parecerem mais poderosos do que são na realidade. Qualquer contraestratégia eficaz deve levar isto em consideração.

É preciso tempo para, com paciência, erradicar a ameaça terrorista. De mais valor do que a força militar, nesse caso, é um sólido serviço secreto, infiltração nas fileiras inimigas (trabalhando para encontrar dissidentes lá dentro) e lenta e constantemente exaurir o dinheiro e os recursos de que os terroristas dependem.

Ao mesmo tempo, é importante ocupar o terreno alto da moral. Como vítima do ataque, você tem vantagem aqui, mas pode perdê-la se contra-atacar agressivamente. A paciente resolução e recusa em reagir com exagero servirão como seus próprios freios. Sentimentos de pânico e histeria revelam o grau em que o inimigo triunfou, como revelam uma tentativa excessivamente rígida de defesa, na qual uma sociedade e a cultura em geral são feitas reféns de um punhado de homens.

Imagem: Tsunami. Algo perturba a água lá longe no oceano – um tremor, um vulcão, um deslizamento de terra. Uma onda com poucos centímetros de altura começa a se formar, crescendo em uma onda maior e depois maior ainda, a profundidade das águas dando-lhe impulso, até que ela quebra na praia com uma força destrutiva inimaginável.

Autoridade: Não há destino pior do que estar continuamente em guarda, pois significa que você está sempre com medo.
– *Júlio César (100-44 a.C.)*

Sinceros agradecimentos pela permissão para reproduzir trechos das seguintes obras protegidas por direitos autorais:

Religious Mythology and the Art of War: Comparative Religious Symbolisms of Military Violence, de James A. Aho. Copyright © 1981 by James A. Aho. Permitido por Greenwood Publishing Group, Inc., Westport, Connecticut.

Dragonwars: Armed Struggle and the Conventions of Modern War, de J. Bowyer Bell. Copyright © 1999 by Transaction Publishers. Permitido por Transaction Publishers.

Roosevelt: The Lion and the Fox, de James MacGregor Burns. Copyright © 1956 by James MacGregor Burns. Copyright renovado em 1984 by James MacGregor Burns. Permitido pela Harcourt, Inc.

The Years of Lyndon Johnson: The Path to Power, de Robert A. Caro. Copyright © 1982 by Robert A. Caro. Permitido por Alfred A. Knopf, uma divisão da Random House, Inc.

Journey to Ixtlan: The Lessons of Don Juan, de Carlos Castañeda. Copyright © 1972 by Carlos Castañeda. Permitido pela Simon & Schuster Adult Publishing Group.

The Art of War in World History: From Antiquity to the Nuclear Age, editado por Gérard Chaliand. Copyright © 1994 by The Regents of the University of California. Permitido pela University of California Press.

Titan: The Life of John D. Rockefeller, Sr., de Ron Chernow. Copyright © 1998 by Ron Chernow. Permitido pela Random House, Inc.

Clausewitz on Strategy: Inspiration and Insight from a Master Strategist, editado por Tiha von Ghyczy, Bolko von Oetinger e Christopher Bassford (John Wiley & Sons). Copyright © 2001 by The Boston Consulting Group, Inc. Permitido pelo The Strategy Institute.

On War, de Carl von Clausewitz, editado e traduzido por Michael Howard e Peter Paret. Copyright © 1976 by Princeton University Press, renovado em 2004 by Princeton University Press. Permitido pela Princeton University Press.

Command in War, de Martin van Creveld. Copyright © 1985 by the President and Fellows of Harvard College. Permitido pela Harvard University Press, Cambridge, Mass.

The Generalship of Alexander the Great, de J.F.C. Fuller. Copyright © 1960 by J.F.C. Fuller. Permitido pela Rutgers University Press.

Grant and Lee: A Study in Personality and Generalship, de J.F.C. Fuller (Indiana University Press). Copyright © 1957 by J.F.C. Fuller. Permitido por Davi Higham Associates.

Julius Caesar: Man, Soldier and Tyrant, de J.F.C. Fuller. Copyright © 1965 by J.F.C. Fuller. Permitido pela Rutgers University Press.

The Greco-Persian Wars, de Peter Green. Copyright © 1996 by Peter Green. Permitido pela University of California Press.

Strategies of Psychotherapy, de Jay Haley (Triangle Press). Copyright © 1967 by Jay Haley. Permissão do autor.

Masters of War: Classic Strategic Thought, de Michael I. Handel (Frank Cass Publishers). *Copyright* © 1992 *by* Michael I. Handel. Permitido pela Taylor & Francis Books.

Iliad by Homer, traduzido por Stanley Lombardo. *Copyright* © 1997 *by* Hackett Publishing Company, Inc. Permitido por Hackett Publishing Company, Inc. Todos os direitos reservados.

The Head Game: Baseball Seen from the Pitcher's Mound, de Roger Kahn. *Copyright* © 2000 Hook Slide, Inc. Permitido pela Harcourt, Inc.

A World Restored: Metternich, Castlereagh and the Problems of Peace 1812-1822, de Henry Kissinger (Boston: Houghton Mifflin, 1957). Permitido pelo *publisher*.

Samurai Zen: The Warrior Koans, de Trevor Leggett (Routledge). *Copyright* © 2002 *by* The Trevor Leggett Adhyatma Yoga Trust. Permitido por Taylor & Francis Books.

The Art of Maneuver: Maneuver-Warfare Theory and Airland Battle, de Robert R. Leonhard. *Copyright* © 1991 *by* Robert R. Leonhard. Permitido pela Presidio Press, impresso pelo The Ballantine Publishing Group, uma divisão da Random House, Inc.

Hitter: The Life and Turmoils of Ted Williams, de Ed Linn. *Copyright* © 1993 *by* Edward A. Linn. Permitido pela Harcourt, Inc.

The Ramayana of R.K. Narayan, de R.K. Narayan. *Copyright* © R.K. Narayan, 1972. Permitido pela Viking Penguin, da Penguin Group (USA) Inc.

The Gay Science, de Friedrich Nietzsche, editado por Bernard Williams, traduzido por Josefine Nauckhoff. *Copyright* © 2001 *by* Cambridge University Press. Permitido pela Cambridge University Press.

Human, All Too Human: A Book of Free Spirits, de Friedrich Nietzsche, traduzido por R. J. Hollingdale. *Copyright* © 1986, 1996 *by* Cambridge University Press. Permitido pela Cambridge University Press.

The Art of Political Warfare, de John J. Pitney, Jr. *Copyright* © 2000 *by* University of Oklahoma Press. Permitido pela University of Oklahoma Press.

The Tao of Spycraft: Intelligence Theory and Practice in Traditional China, de Ralph D. Sawyer. *Copyright* © 1998 *by* Ralph D. Sawyer. Permitido pela Westview Press, da Perseus Books, LLC.

The Art of War, de Sun Tzu, traduzido por Ralph D. Sawyer. *Copyright* © 1994 *by* Ralph D. Sawyer. Permitido pela Westview Press, da Perseus Books, LLC.

Sun Tzu: The Art of Warfare, de Sun Tzu, traduzido por Roger T. Ames. *Copyright* © 1993 *by* Roger T. Ames. Permitido pela Ballantine Books, uma divisão da Random House, Inc.

Mao: A Biography, de Ross Terrill. *Copyright* © 1999 *by* Ross Terrill. Todos os direitos reservados. Permitido pela Stanford University Press.

The Templars and the Assassins: The Militia of Heaven, de James Wasserman. *Copyright* © 2001 *by* James Wasserman. Permitido pela Destiny Books.

The I Ching or Book of Changes (3ª ed.), traduzido por Richard Wilhelm. *Copyright* © 1950 *by* Bollingen Foundation, Inc. Novo material *Copyright* © 1967 *by* Bollingen Foundation. *Copyright* renovado em 1977 *by* Princeton University Press. Permitido pela Princeton University Press.

**Impressão e Acabamento:
GRÁFICA GRAFILAR**